KB252831

조선族 31인의 성공 이야기

인생을 바꾼 기차표 한장

인생을 바꾼

기차표 한장

조선族 31인의 성공 이야기

국가기간뉴스통신사
연합뉴스

▌ 일러두기

1. 이 글은 연합뉴스에서 2016~2017년 '중국동포 성공시대'라는 기획연재물로 보도됐던 중국동포 31인의 성공 스토리를 새로 엮은 것입니다.

2. 延邊 등의 한자를 외래어 표기원칙에 따라 표기하지 않고, 현지에서 중국동포가 쓰는 그대로 표기합니다. 즉 延邊은 옌볜이 아닌 연변으로 적습니다.

3. 녕안 등 지명의 경우 두음법칙이 적용되지 않는 북한식 표기에 따라 영안이 아닌 녕안으로 적습니다.

'코리안 드림'은 이루어집니다

항간에 연애·결혼·출산을 포기했다는 '3포 세대'에 이어 'N포 세대'란 말까지 회자되고 있습니다. 젊은 세대가 처한 작금의 어려운 상황에 대해 여성·청소년·가족정책을 담당하는 부처 수장으로서 한없는 책임감을 느낍니다. 그러면서 한편으로, 우리 젊은이들이 꿈을 향해 도전을 멈추지 말 것을 간절히 희망합니다. 젊은이들은 지금 용기와 희망이 필요합니다. 유명인들의 드라마틱한 성공스토리도 좋지만, 우리 주변에 살아 숨 쉬는 인생이야기가 더 많이 발굴되면 좋겠다는 생각을 했습니다. 그래서 지난해 연합뉴스에 연재된 '중국동포 성공시대'를 관심있게 챙겨 읽었습니다. 올 봄 이 이야기들을 한 권의 책으로 다시 만나게 돼 무척 반갑습니다.

'조선族 31인의 성공 이야기'는 이 땅의 모든 젊은이들에게 보내는 응원가입니다. 우리사회에서 '중국 국적 동포'라는 처지는 아직 커다란 핸디캡입니다. 중국 동포 30명 주인공들은 현재 처한 환경이 어떻든 결국 성공을 좌우하는 것은 스스로 만들어가는 인격과 실력임을 입증합니다. 그들은 서랍 속에서 조심스레 일기장을 꺼내들었습니다. 한국의 벗들에게 그동안 정신없이 달려온 인생을 솔직 담백하게 들려줍니다. 개인적으로 저는 과학교사의 길을 걷다 낯선 IT업계에 뛰어들고, 한 번의 실패를 딛고 다시 기업을 일궜습니다. 'IT업계 이방인'인 여성기업인으로서 어려움이 적지 않았습니다. 책장을 한 장 한 장 넘길 때마다 지금의 자리에 서기까지 그들이 흘렸을 땀과 눈물이 마치 제 인생의 한 구절인양 파노라마처럼 다가왔습니다.

또한, 이 책은 대한민국이 더욱 적극적으로 차별과 편견을 털어내야 한다고 일깨워주는 각성제입니다. 많은 중국 동포들이 우리 사회의 당당한 일원으로 제 역할을 다하고 있습니다. 점차 대학교수, 변호사, 펀드매니저, 사업가, 대중가수에 이르기까지 활동 영역도 다양해집니다. 그들의 다양한 사연에 귀 기울이고 그들 각자의 재능을 눈 여겨 보노라면, 편협했던 시각이 한없이 민망해질 뿐입니다.

사실 우리 스스로를 가두고 있던 것은 중국 동포들에 대한 차별과 편견뿐만이 아닙니다. 현재 국내 거주 외국인 수는 200만 명. 길거리를 오가며 만나는 사람 100명 중 4명에 달합니다. 특히 결혼이주여성과 이들이 이룬 다문화가족은 89만 명가량으로, 100만 명 시대를 앞두고 있습니다. 다양한 문화와 언어가 가져올 개방성과 소통성은 글로벌시대 대한민국의 소중한 자산입니다. 하지만 피부색이나 출신국 등으로 개인을 재단하고 차별하는 태도를 개선하기 위해 여성가족부가 여전히 정책적 노력을 기울여야 하는 게 현실입니다. 이 같은 배타성과 편협함을 극복하지 못한다면 과연 '다문화사회 대한민국'의 미래가 있을까요.

모든 청소년들과 다문화 인재들을 포함해 대한민국의 미래세대를 보호하고, 지원·육성해야 하는 여성가족부 장관으로서 보다 많은 분들이 이 책을 통해 희망과 만나게 되길 기대합니다. 포기하지 않고 꿈을 꾸는 사람들이 대한민국을 변화시키고 있습니다. 대한민국이 모든 사람들에게 더욱 공정한 기회의 땅이 될 수 있도록 함께 달라져야 합니다. ' 조선족의 코리안 드림 성공기'가 그 길을 함께하자고 독자들의 가슴을 두드릴 것입니다.

2017년 4월에. 여성가족부 장관 강은희

한민족의 비전을 보여준
조선족에게 박수를

전 세계 180여 개국에 진출해 있는 720만 재외동포는 글로벌 한민족의 소중한 자산입니다. 우리 동포들은 각 거주국에서 주류사회에 진출하여 모국과의 가교 역할을 하고 있으며, 재외 한상(韓商)들은 국내 중소기업과 청년의 해외 진출을 돕는 등 동포사회와 대한민국은 상생의 동반자 관계로 자리 잡아 가고 있습니다.

720만 재외동포 가운데 중국의 조선족은 200만 명에 달합니다. 구한말 기근을 피해 또는 일제 강점기 조국의 독립운동을 위해 국경을 넘은 이들은 길림성, 요녕성, 흑룡강성에 터전을 마련하였고, 연길시를 중심으로 조선족자치주를 이루었습니다. 그리고 150년이 넘은 이주역사 가운데 재외동포 중에서도 한민족의 문화와 전통을 가장 잘 이어가고 있으며, 중국 56개 소수민족 가운데서도 우수한 민족으로 인정받고 있습니다.

주목할 점은 조선족의 3분의 1에 해당하는 70만 명이 모국인 대한민국에 체류하고 있다는 사실입니다. 방문취업제 시행 초기와 달리 대학교수, 변호사, 의사, 가수 등 다양한 분야에서 활약하고 있으며, 최근에는 가족을 초청해 함께 모국에 뿌리를 내리려는 정주 지향으로 체류 형태가 바뀌고 있습니다.

이렇게 국내 체류 조선족이 우리 사회의 구성원으로 자리 잡아 가고 있는 가운데 내국민들의 조선족 동포에 대한 인식도 점차 바뀌고 있는 것은 고무적입니다. 이런 시기에 전 세계 네트워크를 가지고 재외동포 분야를 전문적으로 취재해 온 연합뉴스에서 고국에서 성공한 조선족의 이야기를 모아 책으로 발간하였습니다. 무척 반가운 일입니다.

이분들은 중국과 또 다른 사회 문화와 제도에 적응하기 위해 고군분투하였고, 조선족에 대한 편견을 깨고 각자의 분야에서 전문가로 인정받았습니다. 그 이야기를 하나하나 쫓아가다 보면 저절로 무릎이 쳐지기도 하고 불굴의 의지에 감동을 느끼게 됩니다. 개인의 성공에만 그치지 않고 타인을 돕고 나눔을 실천하는 모습에는 박수를 보내고 싶어집니다.

재한 조선족 선배들의 이야기는 부모를 따라 한국으로 입국해 적응에 어려움을 겪고 있는 재한 조선족 청소년들에게도 귀감이 될 수 있을 것이라 기대됩니다.

아무쪼록 이 책이 우리 사회의 조선족 동포에 대한 인식을 높이고, 내외 국민이 더불어 살아가는 사회로의 인식 개선에 도움이 되기를 바랍니다. 올해 창립 20주년을 맞는 우리 재외동포재단은 국내 체류 동포에 대한 애정과 관심을 가지고 지원을 아끼지 않도록 더욱 노력해 나가겠습니다.

감사합니다.

재외동포재단 이사장 주철기

책을 펴내며

"1910년대 한반도 남쪽에서 태어난 할아버지는 일제의 폭정과 가난을 견디다 못해 두만강을 건넜습니다. 몇 해만 살다가 여건이 나아지면 돌아가려고 했는데 결국 눌러앉았습니다. 해방이 됐지만 중국에 공산정권이 들어서고 한반도가 남북으로 갈리면서 귀향길은 더욱 멀어졌습니다. 남들은 조국을 등졌다고 손가락질했지만 한시도 고향을 잊은 적이 없었고 조국을 돕는 일에 누구보다 앞장섰습니다.

아버지는 1940년대 만주에서 태어났습니다. 조선족 마을에서 동포들과 어울려 지냈지만 그래도 타향살이였습니다. 1992년 한중 수교가 이뤄진 뒤 한국이 잘산다는 소문을 듣고 비행기를 탔습니다. 힘들고 궂은 일 마다하지 않고 열심히 일했으나 조국 동포들의 시선은 싸늘했습니다. 북한식 말투와 촌스러운 옷차림 때문에 놀림을 당하기도 하고 심지어 '빨갱이'라는 의심까지 받았습니다.

저는 1970년대 중국 흑룡강성에서 출생했습니다. 고등교육을 받고 도회지로 나가 대학도 다녔습니다. 지금은 코리안 드림을 품고 할아버지의 고향을 찾아와 전문 분야에서 조국 동포와 당당히 겨루며 살고 있습니다.

단순노동을 했던 아버지와는 다른 생활이지요. 한중관계의 가교 역할을 하고 통일 시대의 마중물 구실을 해낼 거라는 자긍심도 있습니다. 하지만 주변의 시선은 아버지 시대와 비교해 크게 달라지지 않은 것 같습니다."

위에 적은 조선족 3대의 고백은 실제 인물이 털어놓은 게 아니라 이 책에 등장하는 인물들의 인터뷰 내용을 모은 뒤 평균적이고 일반적인 가상의 이야기로 재구성한 것입니다.

2015년 말 통계에 따르면 전 세계 재외동포 약 718만4천 명 중 중국동포가 258만5천 명으로 가장 많습니다. 한국에 체류하는 중국 국적 동포는 2017년 2월 말 기준으로 64만8천 명에 이릅니다. 한국으로 귀화한 동포와 불법체류자를 포함하면 국내 조선족(중국동포)은 약 70만 명으로 추산됩니다.

국가기간뉴스통신사 연합뉴스의 재외동포·다문화 전담 취재부서인 글로벌코리아센터 한민족뉴스부는 각 분야에서 성공적인 삶을 살고 있는 재한 조선족들의 인터뷰 기사를 2016년 6월부터 2017년 1월까지 '중국동포 성공시대'란 제목으로 연재했습니다. 이들을 통해 한중관계 변화와 세대교체로 달라진 국내 중국동포 사회를 들여다보자는 취지였습니다.

이 책에 등장하는 31명의 주인공은 어려운 여건 속에서도 뛰어난 재능, 남다른 아이디어, 끈질긴 노력과 근성, 도전 정신으로 값진 성취를 이뤄낸 인물들입니다.

연합뉴스는 학계·금융계·무역업계·문화예술계·법조계·공직자 등 이들의 다변화·전문화된 직업만 봐도 조선족에 대한 편견을 바로잡을 수 있고, 이들이 한국에서 겪은 경험담도 우리 사회가 다양성을 존중하고 이웃을 포용하는 세상으로 나아가는 데 보탬이 될 것이라고 여겨 책으로 엮어 내놓기로 했습니다. 차별과 냉대 속에서도 좌절하지 않고 목표를 향해 달려온 이들의 분투기는 미래의 주인공인 청소년에게도 희망과 용기를 줄 수 있을 겁니다.

바쁜 와중에도 인터뷰에 응해 소중한 말씀을 들려준 주인공들에게 감사드립니다. 마감에 쫓겨 급하게 쓴 기사를 책에 맞도록 다듬어준 홍수연 작가와 보기 좋게 꾸며준 나눔커뮤니케이션에도 고마움을 전합니다.

연합뉴스 글로벌코리아센터

목차

추천사, 하나 /6

추천사, 둘 /8

책을 펴내며 /10

1부

겨울이
추울수록 봄은
따뜻하다

사랑을 파는 북경전화국 대표 **김애란** /18

한손의 승부사 신강양꼬치 대표 **이림빈** /26

조선족 타운 대림동 터줏대감 **김성학** /32

여의도가 주목하는 **박옥선** /38

양꼬치로 대박 터뜨린 **서용규** /46

호텔계의 미다스, 영원한 호텔리어 **안석봉** /56

'궁금증을 사업 아이디어로' 모태 사업가 **이용섭** /64

여행업계에서 가장 출세한 조선족 **김성수** /72

국내 유일의 조선족 보험 명인 **이명화** /80

2부

인생을 바꾼 기차표 한장

꿈을 노래하는 가수 **백청강** /90

희망을 던지는 프로야구 투수 **주 권** /100

밑바닥에서 외치는 희망, 소설가 **김 노** /108

클래식 아코디언의 대가 **주석용** /116

'얼굴 없는 자화상'의 현대미술 작가 **최헌기** /122

'중국동포 대변인' CCTV 서울지국장 **노성해** /130

3부

오너는 부업 봉사가 본업

이주여성의 맏언니, 생각나무 BB센터 대표 **안순화** /138

'선천성 퍼주기 바이러스' 선영식품 대표 **신선영** /146

한의와 중의 통달 한의사 **노현숙** /154

중도 입국 청소년 '대모' **문 민** /162

여성 1호 출입국 전문 행정사 **이미옥** /170

서울시 명예부시장 지낸 여성학 박사 **이해응** /178

조선족 네트워크의 허브 **김용선** /188

조선족 법률도우미로 종횡무진 **조은정** /196

4부

추워도
향기를 팔지 않는
매화처럼

조선족 슈퍼맘 홍익대 교수 **전춘화** /206

중국경제 전문가 인천대 교수 **김부용** /214

한중일 최고 대학 두루 거친 수재 **강광문** /224

미다스의 손, 신영증권 펀드매니저 **권덕문** /236

'여의도의 중국통' 애널리스트 **박인금** /246

중국 금융의 스페셜리스트 **안유화** /254

품성, 인성, 지성 3박자 갖춘 부경대 교수 **예동근** /264

국제분쟁 해결의 명수, 변호사 **홍송봉** /272

1부

겨울이
추울수록 봄은
따뜻하다

사랑을 파는 북경전화국 대표 **김애란**

한손의 승부사 신강양꼬치 대표 **이림빈**

조선족 타운 대림동 터줏대감 **김성학**

여의도가 주목하는 **박옥선**

양꼬치로 대박 터뜨린 **서용규**

호텔계의 미다스, 영원한 호텔리어 **안석봉**

'궁금증을 사업 아이디어로' 모태 사업가 **이용섭**

여행업계에서 가장 출세한 조선족 **김성수**

국내 유일의 조선족 보험 명인 **이명화**

김애란

46세. 조선족 3세. 중국 훈춘에서 나고 자랐다. 한국에는 1999년에 왔고, 2007년 북경전화국을 열었다. 김성곤 국회의원 표창장과 '글로벌 기부문화 공헌대상' 표창장 등을 수상했다.

따뜻한 풍경 하나,
가리봉동 북경전화국

목표를 지나치게 높게 잡으면 돈을 얻는 대신 사람을 잃어요.
고객이나 직원들과 더불어 사는 게 좋지 않을까요?
당장 눈앞의 이익을 많이 남기기보단 '내 몫으로 월급을 타간다'는
마음가짐을 가지려고 노력하죠.

정치나 사회 뉴스를 보면 아수라 같은 세상에 염증이 난다. 이따금 어디 깊은 산속에나 들어가 조용히 살고 싶어지는 이유다. 그럼에도 불구하고, 세상은 여전히 건재하고, 아직 살 만한 이유는 무얼까. 아직은 세상 어딘가 따뜻한 사람, 제 안의 온기를 나누어주는 사람들이 있어서 아닐까.

▌세상이 아직 따뜻한 이유

서울 구로구 가리봉동에 가본 적이 있는가. 아는 사람은 알겠지만, 가리봉동은 중국동포 타운 1번지다. 거리의 간판들도 대부분 중국어로 되어 있다. 그 가운데 '북경전화국'(北京電話局)이란 큼지막한 다섯 글자가 한눈에 들어온다. 전화국 명칭 같기도 하고, 무슨 영화 제목 같기도 하

가리봉동 중국동포 타운 1번지 거리에 중국 간판이 즐비하다

다. 그곳은 휴대전화를 파는 곳이다.

겉으론 그저 평범한 휴대폰 매장으로 보이지만, 이곳엔 뭔가 특별한 게 있다. 휴대전화를 파는 가게이기도 하지만, 조선족 동포들의 사랑방이기도 하다. 수시로 중국동포들이 찾아와 이야기꽃을 피우고, 정보도 얻어간다.

이 사랑방 매장의 대표가 김애란 씨다. 흰 니트에 검은 정장 차림의 그녀를 만났다. 따뜻하면서도 세련된 분위기다. 서글서글한 눈매가 인상적이다. 처음 사업을 시작할 때의 기분이 어땠느냐고 묻자, 잠시 생각에 잠기는가 싶더니 조심스럽게 말문을 연다.

"2007년에 매장을 인수했는데, 그때까지만 해도 이동통신에 대해 그야말로 일자무식이었죠. 막무가내로 이 사업에 뛰어든 거죠. 하지만 지금 생각해 보면 인생을 바꾼 도전이었던 거 같아요(웃음)."

▌남편의 존중과 배려가 큰 힘

중국의 혼춘에서 태어난 애란 씨는 1999년 돈을 벌기 위해 한국에 왔다. 제조업체에서 일을 하다 지인의 소개로 한국인 남편 차재봉 씨를 만나 백년해로를 맺었다. 국제결혼이었다. 국제결혼은 잘못되는 경우가 많이 보도되는데, 이 부부는 서로에 대한 존중과 배려로 주위에서 부러움을 사고 있다. 그래도 문화와 언어 등 차이가 많아 힘들었을 법도 한데…

"별달리 힘든 게 없었어요. 초등학생 아들 둘이 있는데, 아이들도 또래 애들처럼 잘 커주고… 남편의 배려 덕분이라고 생각해요. 결혼한 후에도 남편은 제게 계속 존댓말을 했어요. 한 번은 왜냐고 물었더니, 한국어가 서툰 당신한테 내가 반말을 쓰면 다른 사람들이 당신을 무시할까 봐서, 라고 하더군요. 참 고마웠죠."

"휴대폰 사업은 어떻게 해서 시작하게 되었나요?"

"지인이 휴대폰 매장을 해보라고 추천하더라고요. 앞뒤 재보지도 않고 덜컥 인수했죠. 아무것도 모르면서 무턱대고 시작부터 한 거죠. 'MNP'(이동전화 번호이동) 같은 기초 용어부터 하나하나 배워야 해서 처음엔 무척 힘들었어요. 하지만 믿는 구석이 있긴 했어요. 중국동포가 매장을 운영하면 중국동포들이 많이 찾아오리라고 생각했죠."

그녀의 '촉'은 적중했다. 예상대로 가리봉동에 정착하는 중국동포가 폭발적으로 늘기 시작했고, 이들에게 휴대폰은 필수품이었다. 더군다나 '북경전화국에 가면 여사장이 있는데, 중국동포라서 말이 잘 통한다.' 이런 입소문이 빠르게 퍼졌다.

마케팅도 확 바꿨다. 이전의 한국인 사장과는 다르게 경품도 주고, 무료 배송도 해주는 등 파격적인 서비스를 도입했다. 그랬더니 단골손님이 눈에 띄게 늘었다. 하지만 그만큼 위험 부담도 컸다.

"한국에 온 중국동포들이 가장 먼저 하는 게 휴대폰 개통이거든요. 외국인 등록증이 없거나, 여윳돈이 부족한데도 무턱대고 매장으로 찾아오는 사람들이 많았죠. 휴대폰 개통까지 걸리는 시간이 한 사람당 두세 시간이 될 때도 있어요. 제 사비를 보태줬다가 돌려받지 못한 돈도 꽤 되고요.(웃음) 그래도 어렵사리 휴대폰을 개통하자마자 중국으로 전화해 가족들과 즐겁게 통화하는 모습을 보면 마음이 뿌듯하죠."

▌아직 99%의 조선족 동포 만나지 못했다

애란 씨는 요즘 신규 시장 공략에 박차를 가하고 있다. '조선족 1번지'인 대림동에 진출해 4개 매장을 연 것을 포함해 한때 10호점까지 늘렸다가 지금은 6개 매장을 운영 중이다. '북경전화국'으로 주식회사를 설립해 대표이사에 올랐고, 신규 가입을 포함해 연간 1만 명 정도의 고객을 유지하고 있다. 그럼에도 그녀는 아직 성에 안 찬다. 일에서만큼은 욕심이 많기 때문이다.

"아직도 만나지 못한 중국동포들이 99%나 남아 있어요. 요즘 한국에 정착해 3대가 모여 사는 조선족 가정이 늘고 있어요. 그래서 60세 이상을 겨냥한 '효도폰'과 자녀를 위한 '알뜰폰' 등으로 틈새시장을 발굴 중입니다."

그녀에게 성공 비결을 묻자, 의외의 대답이 돌아왔다. '매출 목표를 최대한 낮게 잡았다.'는 것.

"목표를 지나치게 높게 잡으면 돈을 얻는 대신 사람을 잃는다고 봐요. 고객이나 직원들과 더불어 사는 게 좋지 않을까요? 당장 눈앞의 이익을 많이 남기기보다는 '내 몫으로 월급을 타간다'는 마음가짐을 가지려고 노력하죠. 사장인 입장에서도 심리적 부담이 덜하고 스트레스가 적어서 좋더라고요."

북경전화국 한쪽에는 그녀가 받은 상패가 나란히 놓여 있다. '판매왕'으로 받은 'LG 유플러스 우수판매점' 트로피부터 국제언론인클럽(GJC-NEWS)이 수여한 '글로벌 기부문화 공헌대상' 표창장까지 분야도 다양하다.

이 가운데 국제언론인클럽에서 수여한 기부문화 공헌대상 표창장이 눈에 띈다. 실제로 애란 씨는 남편 재봉 씨와 함께 중국동포의 국내 정착을 돕는 일에도 적극 힘쓰고 있다. 이들 부부의 선행은 이미 지역사회뿐만 아니라 동포사회에 널리 알려져 훈훈한 감동을 주고 있다.

이 부부는 동포사회의 각종 행사에 후원하는 것은 물론, 2012, 2013년 2년간은 중국동포들의 민속장기 발전에 기여하기 위해 중국동포장기협회에 기부해서 '북경전화국배' 장기대회를 치르기도 했다. 또 2014년에는 400여 만 원을 기부해 대림동에 외국인자율방범연합회 초소를 지었다.

▌ 북경전화국은 사랑이요, 온기요, 풍경이다

애란 씨에게 지난 겨울은 유독 설렜다. 중국동포뿐만 아니라 어려운 처지의 한국인 이웃을 돕는 일을 시작한 지 두 해째 되던 해이기 때문이다.

"2015년부터 영등포구청의 '푸드마켓'을 통해 저소득층 주민을 위한 식료품 나눔에 동참하고 있어요. 식료품이 전달되는 매년 12월이 되면 따스한 겨울을 만드는 데 조금이나마 보탬이 됐다는 생각이 들어서 뿌듯하죠."

북경전화국은 중국동포들에게 사랑이고, 온기다. 아니, 중국이고 한국이고를 떠나 모든 소외받는 이들에게 사랑이고, 온기다. 그리고 너, 나, 경계 없이 '하나'로 이우러져 살아갈 우리 모두의 사랑방이다. 북경전화국의 쉬는 날은 일 년에 설과 추석뿐이라니, 언제든 가서 더불어 풍경이 되어도 좋겠다. ▩

한손의 승부사
신강양꼬치 대표 이림빈

이림빈

조선족 3세. 47세. 중국 흑룡강성 출신. 길림사범대 졸업 후 잠시 교사생활을 하다 1997년 한국에
왔다. 양꼬치 전문점 신강양꼬치 대표. 중국동포의 권익을 위한 단체인 '중국동포한마음협회'
초대 회장을 역임했다.

조선족이 어때서?
의수(義手)가 어때서?

"

지나온 길은 정말 고난의 연속이었죠.

중국서 교사생활 하다 코리안 드림을 꿈꾸며 한국을 찾았는데,

온 지 사흘 만에 공장 프레스 기계에 오른손을 절단당했어요.

그때 마음도 같이 절단 나서 오랫동안 방황했죠.

하지만 이제 와 되짚어보니 오히려 힘든 시절을 겪으면서

삶의 새로운 돌파구를 찾을 수 있었던 거 같아요.

"

경기도 안산의 한 공장. 활기차게 돌아가던 기계가 갑자기 멈춰 선다. 한 청년이 일을 하던 중 프레스기계에 오른쪽 손목을 절단당한 것이다.

이 청년은 불과 사흘 전까지만 해도 중국 길림성 돈화시 소학교에서 교사로 근무했었다. 그러다 코리안 드림을 꿈꾸며 혈혈단신 한국에 왔는데, 청년의 장밋빛 꿈이 한순간에 산산조각 나버린 것이다.

청년은 이후로 오랫동안 절망과 원망이 뒤섞인 암흑기를 보낸다. 그러나 희망보다 강한 게 용기라고 했다. 희망이 없어 보이는 상황에서도 청년은 힘껏 용기를 냈고, 결국 모든 시련을 이겨내고, 왼손 하나로 다시 일어선다. 그리고 20년이 흘러 어느덧 중년이 된 그때 그 조선족 청년은 현재 서울 시내 곳곳에서 음식점을 운영하는 대박 사업가로 거듭났다.

▋ 한국 온 지 사흘 만에 오른손 잃어

드라마보다 더 드라마틱한 이 사연의 주인공은 조선족 3세 이림빈 씨다. 그가 대표로 있는 '신강양꼬치'는 맛집으로 입소문이 자자한 곳이다. 2007년 대림동에서 출발해 마포에 2호점을 낸 데 이어 2015년엔 역삼동에 진출하면서 강남 입성에 성공했다.

중국인들의 사랑을 받는 양꼬치로 한국인들의 입맛을 사로잡은 이림빈 씨. 그는 중국에서도 특히 신강지역의 맛을 느낄 수 있는 양다리 통구이로 승부수를 걸었고, 아는 사람은 알 만한 엄청난 부를 이뤄냈다. 마침내 코리안 드림을 이룬 것이다.

신강양꼬치 선릉역점에서 그를 만났다. 그는 두 손으로 반갑게 기자를 맞았고, 얼굴 어디에서도 그늘을 찾아 볼 수 없었다. 드라마 같은 사연의 주인공이라고는 믿기 어려웠다.

▋ 손 없는 팔로 스스로를 껴안고

"지금이야 웃으며 얘기할 수 있지만 지나온 길은 정말 고난의 연속이었죠. 하지만 이제 와 되짚어보니 오히려 힘든 시절을 겪으면서 삶의 새로운 돌파구를 찾을 수 있었던 거 같아요."

중국 흑룡강성 출신인 그는 길림사범대를 나와 한동안 교사로 일했다. 그러나 살림살이는 늘 빠듯했다. 성취욕이 강한 그는 해외 이민에 대해 진지하게 고민했다.

그러던 중 "한국에 가면 언어가 통하고, 기회가 많이 생긴다."는 이야기를 우연히 듣게 된다. 옳거니, 이거다. 그는 무릎을 쳤고, 청년 특유의 자신감과 기대감에 부풀어 1997년 한국행 비행기에 몸을 실었다.

코리안 드림을 꿈꾸며 생애 처음으로 밟은 한국 땅은 그러나 그에게 너무나 가혹했다. 스물여덟의 새파란 청년이 오른손 절단이라니. 그것도 한국 온 지 겨우 사흘 만에. 이 사건으로 그의 삶은 한순간 나락으로 곤두박질쳤다. 한국이란 나라가, 한국 사람들이, 아니 한국의 모든 것이 싫어졌다. 더군다나 사고 공장의 대표는 모르쇠로 일관했다. 그나마 '외국인노동자의 집'의 도움으로 산업재해로 인정받아 보상과 치료를 할 수 있었다. 그는 치료가 끝나자 지체 없이 중국으로 돌아갔다.

"그땐 한마디로 제정신이 아니었죠. 병원에 누워있는데 만사가 귀찮고, 원망스럽고…. 옆 침대 환자가 저하고 비슷한 부상을 당했는데, 하루는 창문 밖으로 뛰어내리려고 하더라고요. 남의 일 같지 않았죠. 그나마 가족을 떠올리며 가까스로 버텼습니다. 그러다 결국 한국 온 지 넉 달 만에 한 손을 잃은 채로 중국으로 돌아갔죠."

이 대표가 다시 한국으로 온 건 그로부터 3년 뒤인 2000년. 주변의 도움으로 병원에 다니며 다친 손목을 치료하기 위해서였다. 그제야 막연하게나마 한국에서 살아보고 싶다는 생각이 들었다. 그러나 오른손이 의수(義手)인 조선족에게 작은 기회조차 주어지지 않았다.

"당시엔 중국동포들이 공사장 막노동이나 목수 일을 많이 했거든요. 그마저도 제겐 불가능한 일이었죠. 하다못해 전단을 돌리는 일도 어렵더라고요. 당장 잠잘 곳이 없어서 노숙자 생활도 했습니다. 그래도 일자리 찾는 걸 멈추지 않았죠. 나쁘게 말하면 무식했고, 좋게 말하면 용감했죠.(웃음)"

▌인생 역전은 한 방울의 땀방울로부터

간신히 붙잡은 기회가 인생 역전의 발판이 된 것은 오로지 땀방울 덕택이었다. 그는 2000년 금천구 독산동에서 10평짜리 식당을 얻어 테이블 4개를 놓고 장사를 시작했다. 날마다 아침 10시에 출근해 밤새 장사를 하고 다음 날 아침 8시에 퇴근했다. 하루하루 정말 치열하게 살았다.

"식당은 비좁았지만 목표는 크게 갖자는 생각에 가게 간판을 '동북아식당'으로 달았어요. 낮에는 중국 요리를 팔고, 밤에는 술과 안주를 내놨지요. 손님이 단 한 명뿐이라도 절대 문을 닫지 않았어요. 그러다 보니 어느새 빚도 갚고, 밥벌이도 되고…. 무엇보다 경험이 쌓이더라고요. 그때 배운 노하우가 제게 가장 소중한 자산이 되었지요."

그는 테이블 4개로 시작한 식당업을 출발로 해서 사업을 점차 확장해 갔다. 그러다 2007년 지금의 '신강양꼬치'를 차렸다. 주 고객층인 중국동포를 따라 대림동에 터를 잡은 게 주효했고, 2년 후엔 근처에 중국식 샤부샤부 가게도 열었다.

▌소외 동포들이 다 잃어버린 오른손처럼 느껴져

사업에서 어느 정도 자리를 잡자, 동포의 권익에도 눈을 돌렸다. 중국동포라고, 또 장애인이라고 어렵고 힘들었던 시절을 생각하니 동포들이 다 잃어버린 오른손 같이 느껴졌기 때문이다. 그는 중국동포를 대표하는 청년 사업가로서 한국 사회와의 접점을 넓히는 데 앞장섰다. 2008년 '중국동포한마음협회'를 출범시키고 초대 회장을 맡아 영등포구 자율 방범대, 이웃돕기 바자회, 요양원 봉사단 등을 이끌었다.

그런 와중에도 마음속에서는 여전히 승부 근성이 꿈틀댔다. 고심 끝에 조선족 밀집지를 벗어나 서울을 대표하는 '맛집 1번지'인 마포에 '신강양꼬치' 2호점을 냈다. 2012년의 일이다.

"중국동포는 70만 명이고, 한국인은 4천만 명이잖아요. 그럼 한국인 입맛을 겨냥해 큰물로 나가야겠다는 생각이 들었죠. 막상 처음 1년은 고생 좀 했어요. 대림동과 마포는 손님들 입맛이 확연히 달랐거든요. 주기적으로 조리법이나 밑반찬 구성을 바꿨더니 넥타이족 단골손님도 생겼고, 가게도 자리를 잡았습니다."

그의 승부욕은 대체 어디까지일까. 주변에서 충분히 성공했다는 평가를 받는 지금도 그의 승부욕은 멈추지 않는다. 물론 모든 게 자신의 뜻대로 풀리는 것만은 아니다. 동료들과 함께 야심차게 뛰어든 프랜차이즈 사업은 여러 가지 상황을 감안해 일단 잠정 보류 상태다.

한국에 다시 온 것을 후회한 적은 없느냐고 물었더니, 큰 고생을 겪었지만 결국엔 오기 잘했다는 생각이 든단다.

"한국은 변화 속도가 빠른 만큼 기회가 많은 시장이라고 생각해요. 상권도, 소비자 취향도, 유동 인구 흐름도 시시각각 달라지죠. 요즘은 해외에서 'K-뷰티'가 뜨고 있잖아요? 중국동포는 이중언어를 구사할 수 있어 화장품 무역업 등에서 잠재력을 발휘할 수 있다고 생각해요. 대학생인 첫째 딸에게 입버릇처럼 말해요. 어떤 일이든 과감히 도전하라고. 중국동포 청년들에게도 마찬가지 당부를 전하고 싶습니다."

이 대표는 인터뷰를 마치면서 두 손을 내밀어 인사를 건넸다. 그의 두 손은 똑같이 따스했다. ▪️

김성학

조선족 3세. 59세. 중국 길림성 출생. 대학 졸업 후 10여 년간 공직에 몸담았다가, 1995년 연변 당국 주재원으로 한국에 오면서 사업가로서의 인생 2막이 시작된다. 현재 조선족 타운 대림동에서 연변냉면 1, 2호점과 웨딩홀 운영. 2014년부터 중국동포연합중앙회 초대 회장을 맡고 있다.

조선족은 연변냉면이다?

연변냉면이 처음엔 좀 새롭죠. 하지만 몇 젓가락 들다 보면
금방 '음, 이 맛이구나!' 하실 거예요. 조선족은 마치 연변냉면 같아요.
한국인이 보기에 처음엔 문화적 차이도 크고 부정적 인식이 많은 게 사실이지요.
하지만 자주 소통하다 보면 어느새 가깝게 느껴질 때가 올 거예요.

혹시 연변냉면이라고 들어봤나요?

평양냉면, 함흥냉면, 중국냉면까진 들어봤는데, 연변냉면은 생소하다.

"제 나름대로 석 달을 고민, 고민해서 지은 간판이지요. 중국동포들에겐 고향의 맛을 떠올리게 하고, 한국인 손님에겐 연변의 요리를 소개하겠다는 의미를 담고 있죠. 이 정도면 고유한 브랜드로 봐도 되지 않을까요?"

영등포구 대림역 근처 한 자리에서 15년 동안 연변의 전통요리를 선보여온 '연변냉면' 대표 김성학 씨의 일성이다.

"성공한 중국동포 31인에 초대되셨는데, 소감부터 한마디 해주시죠."

"조심스럽네요. 한국으로 건너와 숱한 굴곡을 겪으며 이 자리까지 온 건 사실이지만, 그걸 대단한 성공담으로 봐도 될지는 모르겠습니다. 동포 이웃들에게, 또 한국의 이웃들에게 고맙고 감사할 따름이지요."

▌ 공무원에서 냉면가게 사장으로

성학 씨의 고향은 중국 길림성. 38살이던 1995년, 한국으로 건너오면서 그의 인생 항로는 확 바뀐다. 그때만 해도 그의 신분은 공무원이었다. 중국에서 대학을 졸업하고 10년 넘게 공무원으로 일하다 한국으로 파견된 것이다. 한중 수교(1992년) 직후라 연변 당국에서 서울 주재 사무소를 세웠기 때문이다. 사무소 대표로 부임한 성학 씨는 중국동포의 출입국 문제를 돕고, 한국 기업의 연변 투자를 유치하는 업무를 맡았다. 당시는 조선족이 막 입국하기 시작할 때라 불법 체류, 인권 탄압 등으로 진통이 끊이질 않았다. 밤낮없이 일하느라 힘은 들었지만 그만큼 보람도 컸다.

그런 성학 씨의 한국 생활이 '제2막'으로 접어든 건 우연한 계기에서였다. '코리안 드림'을 품고 온 중국동포는 점점 늘어나는데, 막상 이들에게 향수를 달랠 만한 공간이 없다는 생각이 뇌리를 스친 것이다.

성학 씨는 곧장 시장 조사에 착수했고, 2001년 동대문구 장안동에 연변냉면 1호점을 차린다. 하지만 평생 공직자로 살아온 그에게 음식 장사는 생각처럼 만만한 일이 아니었다.

"처음엔 눈앞이 깜깜했죠. 고기는 어디서 떼어오는지, 채소는 어디서 배달받는지 하나도 몰랐거든요. 너무 힘들 땐 '내가 여기서 뭐 하고 있나, 왜 사서 고생이지' 후회도 많이 했습니다. 그래도 매일 같이 동대문을 돌며 전단을 뿌리고, 연변식 순대를 만들어 포장마차에 납품도 했죠. 안그래도 힘들어 죽을 지경인데 단속은 왜 그리 자주 나오는지….(웃음) 아무튼 이래저래 참 힘든 시절이었죠."

▌'조선족 타운' 예감이 대박 밑거름

하지만 쓴 것이 다하면 단 것이 오고, 겨울을 이겨내야 꽃이 핀다. "연변냉면에 가면 고향의 맛을 볼 수 있다."는 입소문이 퍼지면서 매출이 늘기 시작했다. 더불어 성학 씨의 한숨도 차츰 웃음으로 바뀌어 갔다. 성학 씨는 내친김에 여세를 몰아 2002년 연변냉면 2호점을 낸다. 심사숙고 끝에 선정한 입지는 대림역 인근.

지금이야 대림동이 '조선족 타운'을 방불케 하는 중국동포의 밀집지가 됐지만 2000년대 초만 해도 그렇지 않았다. 하고 많은 동네 중에 왜 하필 대림동이었을까.

"발품을 팔아보니 대림동에 월세방이 밀집했더라고요. 대중교통도 편리해 보였죠. 조만간 조선족이 몰려올 동네라는 판단이 서더군요. 과감하게 대림역 코앞에 2호점을 냈죠. 실제로 얼마 안 돼 중국동포가 너도나도 대림동에 터를 잡아 조선족 타운이 형성되기 시작했죠. 이어서 양꼬치, 중화요리 전문점도 줄줄이 들어섰죠. 일찌감치 자리를 닦은 덕택에 경쟁에서 선점 효과를 본 거죠."

성학 씨는 직관력이 뛰어나고, '촉'이 빨랐다. 2004년부터는 장안동 지점을 접고 아예 대림동에 '올인'했다. 2003부터 2005년 사이에 경기 안산, 서울 남산·명동 등에도 잠시 분점을 냈다가 가망이 없다고 판단되자 즉시 철수했다. 대신 대림역 인근에 연변냉면 2호점, 연변웨딩홀 1·2호점을 차례로 열고 사업을 넓혀갔다. 신사업으로 웨딩홀에 진출한 데도 김 대표 나름의 촉이 있었단다.

"식당에 찾아오는 손님을 보니 하나둘씩 결혼식을 하고, 돌잔치를 열고, 회갑연을 하더라고요. 중국동포들이 한국에 정착하는 시대가 된 거죠. 이들을 겨냥한 것이 웨딩홀 사업이죠. 예식 진행, 상차림, 연회장 인테리어, 의상 등을 가급적 조선족 전통 풍습대로 서비스해요. 가능하면 중국에서 하던 대로 잔치를 치르고 싶어 하는 동포가 많거든요. 한국에서는 뷔페를 많이 차리지만 중국동포는 원탁에 한상차림을 선호하는 식이죠."

▎연변냉면 처음엔 생소, 먹다보면 친근

성학 씨가 현재 대림역 사업장 4곳에서 맞는 손님은 하루에 많게는 수백 명에 달한다. 15년 전 주방장을 포함해 직원 6명으로 시작한 사업이 이제는 수십 명의 일터가 된 것이다.

동포들로 인해 이만큼 성공했으니 그들에게 자신도 도움을 주고 싶었다. 그래서 성학 씨는 중국동포가 한국 사회의 이웃으로 정착하도록 돕는 일에도 앞장서고 있다. 그는 2014년부터 중국동포연합중앙회 초대 회장을 맡아 한국사회에서 중국동포들이 잘 어우러져 살아갈 수 있도록 하고 있으며, 올해로 3년째 3만~4만 명이 모이는 '중국동포 민속문화 축제'도 열고 있다.

연변 전통요리가 한국인 입맛에도 잘 맞을까. 필자가 맛본 연변냉면한 그릇에는 낯설게도 수박 조각과 메추리알이 동동 떠 있었다. 육수는 매콤하고 면은 쫄깃해 함흥냉면과 평양냉면의 중간쯤, 물냉면과 비빔냉면의 중간쯤이랄까.

"연변냉면이 처음엔 좀 새롭죠. 하지만 몇 젓가락 들다 보면 금방

설 명절을 맞아 주철기 재외동포재단 이사장 등 재단 임직원과 대림동 중앙시장에 격려 방문한 김성학 회장

'음, 이 맛이구나!' 하실 겁니다. 제가 보기엔 중국동포가 마치 연변냉면 같아요.(웃음) 한국인이 보기에 처음엔 문화적 차이가 클 거예요. 부정적 인식이 있는 것도 사실이고요. 하지만 자주 소통하다 보면 어느새 가깝게 느껴질 때가 올 겁니다.〞

돌아가신 어머니가 보고플 때, 혹은 타지에서 집이 그리울 때 우리는 으레 어머니가 정성껏 해주시던 음식을 떠올리며 향수를 달랜다.

성학 씨의 성공 비결은 음식을 단순히 음식으로만 보지 않은 데 있다. 그에게 연변냉면은 한국에서 치열하게 살아가는 조선족 이웃들에게 소통과 치유, 그리고 나눔의 공간인 것이다. 낯선 땅에서 지치고, 외롭고, 쓸쓸한 사람들에게 정(情)이 담뿍한 한 그릇의 고향 음식은 마음을 달래는 명약이 아닐 수 없다. ▉

박옥선

조선족 3세. 49세. 중국 흑룡강성 발리현에서 태어나고 가목사에서 성장했다. 대학 졸업 후 교사 생활을 하면서 흑룡강신문사 객원기자로 활동했다. 한국에는 1992년 입국했다. 한나협회, CK 여성위원회 등 조선족을 위한 봉사단체를 창립했으며, 서울시 서남권 글로벌센터 명예센터장, 사단법인 서울 구로구 소상공인회 이사, 재한동포유권자연맹 여성위원장 등을 맡고 있다.

돈 말고 마음을 잡아라

숨을 길게 들이쉬고 읊으려는데 코를 간질이는 무엇이 날아들었다.
진달래꽃에서 뿜어 나온 향기였다.
순간 나는 인간세상이 나를 버려도 자연은 나를 버리지 않는다는 생각이 들었다.
오랫동안 지옥을 헤매던 나를 인간으로 그 기능을 회복시켜 준 것은 진달래꽃향기였다.
나는 나를 인간으로 회복시켜 준 진달래꽃이 활짝 피면 다시 찾아와 감사의 인사를
한다고 약속하고는 고향을 떠났다. 그러나 그 후 나는 그 약속을 지키지 못했다.

−박옥선 자서전 '진달래꽃 필 때까지' 중에서

현존하는 '경영의 신'으로 불리는 교세라 명예회장 이나모리 가즈오는 이렇게 말했다. 힘들게 고생할 때야말로 절호의 기회라고 생각해야 한다, 왜냐하면 고난만큼 사람을 강하게 키우는 것은 없기 때문이다, 라고.

어떤 성공에든 시련이 있다. 그리고 시련이 크면 클수록 그 끝은 달다. 성공의 다른 공식은 없다. 시련에 굴복하지 말고, 기회를 잘 포착해서 무조건 성실할 것.

조선족 3세인 박옥선 씨의 성공도 그렇다. 고향에서의 야반도주, 공순이, 따돌림… 이런 시련이 거듭될수록 그녀는 더욱 단단해지고 내공이 쌓여갔다. 그러자 불행의 신은 행운의 여신에게 자리를 내주고 만다.

▋ 도전과 배짱으로 이룬 코리안 드림

행운의 여신이 함께하면서부터 옥선 씨의 손은 가히 황금 손이었다. 중국 식품 도매업, 여행사와 학원, 매니지먼트사 등 손대는 사업마다 잇따라 성공하면서 그녀는 이미 40대에 상당한 부를 축적한다.

옥선 씨는 이런 성공에 힘입어 20대 총선에서 더불어민주당 비례대표 후보 31번에 배정받았다. 비록 금배지는 달지 못했지만 '조선족 출신 첫 국회의원 비례대표 후보'라는 타이틀을 얻었다. 다음번에 또 출마하겠냐고 물었더니 망설임 없이 "그렇다"고 대답한다. 이왕 시작했으니 2018년 서울 시의원 선거에도 출마할 것이란다.

그러면서 옥선 씨는 한국 정치판에 뛰어들기까지는 자신의 인생에 대해 누구에게도 이야기하지 않았지만 앞으로는 어떻게 살아왔고, 어떻게 모국에서 성공적으로 정착했는지 적극적으로 알려 나가고 싶다며, 자신의 삶을 담담하고 솔직하게 털어놓는다.

▋ 교사에서 기자로, 사업가로 끝없는 변신

옥선 씨는 흑룡강성 발리현에서 태어나 가목사에서 성장했다. 1998년 흑룡강사범대 유아과를 졸업하자마자 가목사의 한 초등학교 교사로 부임했다. 원래 신문사 특파원이 꿈이었던 그녀는 교사생활을 하면서 흑룡강신문사 객원기자로도 활동했다.

그러나 이 신문에 실화를 바탕으로 기고한 연재소설이 문제가 돼 가목사를 '야반도주'한다. 실제 사건의 인물들이 나타나 협박하며 마을을 떠나라고 했기 때문이다. 하는 수 없이 그녀는 보따리 하나 달랑 들고 정든 고향을 떠나 요녕성 대련시로 향한다.

그곳에서 지인의 소개로 한중합작기업에 들어가게 되고, 교사와 신문사 경력을 인정받아 차관 주임(공장장) 자리를 꿰찬다. 한국인 사장 밑에서 200여 명의 직원을 관리했지만 그것도 잠시, 사장이 밀수를 하다가 발각되는 바람에 다시 회사를 떠날 수밖에 없는 처지가 된다.

이후 우여곡절 끝에 1992년 11월 산업연수생으로 처음 한국 땅을 밟는다. 그녀는 부산 사상구에 있는 가죽염색회사를 시작으로, 비닐제조회사, 무역회사 등 2~3년이 멀다 하고 회사를 옮겨 다니며 힘들게 한국 생활을 이어간다. 그런 와중에 마음을 의지할 남편을 만난다.

그리고 1999년 어느 날, 남편과 함께 서울 가리봉에서 열리는 한 모임에 참가했다가 거리에 중국 간판이 즐비한 것을 보고 별난 세상을 경험한다.

"내가 살 곳은 부산이 아니라 여기(가리봉)라고 생각했어요. 더는 공장에서 일하는 아줌마로 살기 싫다고 남편에게 떼를 썼죠. 그리고는 겁도 없이 그대로 주저앉았어요. 남편은 짐을 가지러 부산으로 떠났고, 저는 서울에 남았지요."

▌돈을 잡지 말고 마음을 잡아라

서울 생활은 이력서를 들고 여기저기 기웃거리는 것으로 시작됐다. 운이 좋게 고무 실리콘을 제조해 판매하는 회사에 취직한 그녀는 부산에서의 여러 경험을 통해 얻은 노하우를 기반으로 3개월 만에 견적서를 내는 등 능력을 발휘한다. 월급 외 수당도 많아졌지만 그녀는 과감히 사표를 던진다. 원체 싹싹하게 일을 잘했던 터라 회사에서 그녀를 적극적으로 붙잡았지만 내 사업을 해 봐야겠다는 마음에 과감히 뿌리쳤다고 한다.

옥선 씨가 가장 먼저 뛰어든 사업은 '한중식품'이란 이름을 내건 중국식품 도매업이었다. 2001년 초의 일이다. 처음에는 가만히 앉아서 손님이 오기만을 기다렸다. 그러나 아무도 찾아오지 않았다. 궁리 끝에 오토바이를 샀다. 가리봉, 구로, 대림동 일대의 중국 식당을 직접 찾아다녔다. 도매 허가도, 오토바이 운전 면허증도 없이 무식하면 용감하다고, 참 무모하게 살던 때였다.

"초짜인 저에게 누가 물건을 사겠어요. 아무도 없었죠. 오히려 동포들이 저를 밀어내는 거예요. 한 바퀴 돌고 나면 사무실에 와서 펑펑 울었죠. 그러다 문득 남들과 차별화를 해야 살겠다는 생각을 했죠."

한 박스에 1만2천 원 하는 컵 술을 40박스씩 구매하기보다는 1천 박스를 한 번에 구매해 납품가를 떨어뜨리면 이익이 많이 날 것으로 판단했다. 또 소매상들의 마음을 잡으려고 매일 3만 원어치씩 과일과 야채를 사서 돌렸다.

어디 쌓아 놓을 데도 없는데, 무슨 여자가 통이 그렇게 크냐는 남편의 불평이 없지 않았지만 그녀의 전략은 적중했다. 6개월 만에 투자한 돈을 전부 회수한 것은 물론 1년 만에 강남의 아파트 한 채를 살 정도의 돈을 벌었다. 그 사이 거래처를 빼앗긴 도매상들이 구청과 경찰서에 신고해 여러 차례 불려가 곤욕을 치르고, 머리끄덩이를 부여잡고 싸움도 했지만 중국 식품 도매업계는 어느덧 그녀의 손아귀에 들어와 있었다.

2004년 출입국관리법이 강화돼 동포들이 중국으로 빠져나가면서 식품유통업도 내리막길을 탔다. 옥선 씨는 그간의 경험으로 사업적 직관이 생겼다. 발 빠르게 권리금을 받고 사업체를 넘겼다. 그리고 다른 데로 눈을 돌렸다.

▌남들이 가지 않은 길을 가라

두 번째 사업 아이템은 2002년 온 가족이 국적신청을 하면서 경험했던 데서 얻었다. 당시 출입국관리사무소에서는 신청서를 작성할 줄 몰라 대필을 부탁하는 장면이 옥선 씨의 눈에 자주 목격됐다. 옥선 씨도 동포들의 부탁으로 여러 번 대필을 해줬다. 그러면 그들은 사례비로 5만 원, 10만 원씩 호주머니에 찔러주고 갔다. 그 일을 합법화해야겠다고 결심한 것이다.

'한나여행사'(현재 코리아케이팝투어)는 그렇게 시작됐다. 여행사에서 일을 본 동포들이 인근 중국식당에 가서 친구도 만나고 사업 얘기도 나누는 걸 보고 '한중관'이란 식당도 차렸다. 여행사와 식당은 사람들로 문전성시를 이뤘다. 두 곳에서 하루 3천만 원 이상 매출을 올릴 정도였다.

내친김에 중국어학원도 문을 열었다. 또 당시 불어 닥친 케이팝 열풍을 놓칠세라 매니지먼트사인 '케이팝 서울학원'도 오픈했다. 중국에서 학생들을 끌어들여 케이팝을 체험하게 하고, 오디션을 통해 아이돌을 배출하기도 했다. 현재 한국과 중국을 오가며 활동하는 '전국구'와 '삼순이'는 그녀가 키워낸 엔터테이너이다.

그녀에겐 에너지가 넘친다. 그렇게 많은 일을 해내고도 여전히 에너지가 왕성하다. 그녀는 한 번 마음먹은 일이 있다면 좌고우면(左顧右眄)하지 않고 과감하게 밀어붙인다.

옥선 씨의 사업은 사스(SARS, 중증급성호흡기증후군)와 메르스(MERS, 중동호흡기증후군) 등의 영향으로 한때 주춤하기도 했지만 비교적 꾸준했다.

하지만 아버지가 갑자기 세상을 뜨면서 옥선 씨의 삶에도 변화가 왔다. 옥선 씨는 집무실 벽에 자신이 이제껏 해온 여러 사업의 사진들을 한눈에 볼 수 있게 붙여 놨는데, 아버지를 보낸 후 그 사진들이 다르게 다가왔다. 자신이 너무 앞만 보고 달려왔음을 깨달은 것이다. 길은 잃어도 사람은 잃지 말라 했는데, 한길만 보며 달려오느라, 사람을 잃고 있는 건 아닌지, 스스로를 되돌아 봤다. 그러자 일보다 사람이 보이기 시작했다.

▌나는 가치 있게 살아가고 있는가?

"무엇보다 조선족 동포사회의 부정적 인식부터 바꿔야 할 필요가 있다는 생각을 했습니다. 그래서 새로운 사업을 벌이기보다 기존 사업을 유지하면서 보람된 일에 투자하기로 마음먹었죠."

우선 '한나협회'를 창립했다. 남성 청년 동포들에게는 축구단을 만들어 주었고, 여성에게는 구로구청이 운영하는 장애인센터에서 매월 두 차례 음식을 만들어 나눠주고 청소하는 봉사단을 꾸리게 했다.

국제라이온스협회 354-D 지구(210개 클럽)에 가입하고, 회장으로도 활동(2012년 7월 2일~2013년 6월 30일)했다. 조선족으로서는 처음 있는 일이었다. 또 조선족 CEO 여성 100여 명이 중심이 된 'CK여성위원회' 도 창립했다. 매월 봉사활동을 통해 조선족의 이미지를 바꾸는 일들을 하고 있다.

그녀는 이외에도 서울특별시 서남권 글로벌센터 명예센터장, 사단법 인 서울 구로구 소상공인회 이사, 재한동포유권자연맹 여성위원장 등을 맡아 그야말로 눈코 뜰 새 없이 바쁘다.

사업이면 사업, 봉사면 봉사, 모든 면에서 이처럼 왕성하게 활동하 는 옥신 씨를 눈여겨 본 정치권은 그에게 앞다투어 러브콜을 보냈다. 먼저 새누리당에 영입됐고, 20대 총선을 앞두고서는 민주당에 스카우 트됐다.

"누가 저에게 '왜 정치를 하려고 하느냐'고 묻는다면 저는 망설임 없 이 '100만 명에 이르는 중국동포의 부정적 인식을 개선하고 싶어서'라 고 대답할 겁니다. 동포들이 한국에 기여하려면 편히 정착할 수 있는 관련법부터 손질해야 하는데 결국 국회의원이나 시의원이 되는 길밖 에 없잖아요. 2018년 제 생각을 실현시켜 준다면 어느 당(黨) 후보로 든 시의원 선거에 나갈 겁니다. 그리고 2년 뒤 국회의원 선거에도 물 론 출마해야죠."

옥선 씨는 자신에게 당은 특별한 의미가 없다고 강조한다. 조선족의 위상을 높이고, 그들의 권익을 보호할 수 있다면 어느 당이라도 상관없 다는 것이다.

맞다. 색깔이 세상을 바꾸는 게 아니다. 간절함이 모이면 세상을 바 꾼다. 📕

서용규

조선족 3세. 43세. 중국 흑룡강성 수화시에서 나고 자랐다. 고교 졸업 후 천진에 있는 한국의 무선호출기 회사에서 근무하다가, 외식업에 눈 돌려 한국식당을 운영했다. 한국에는 1999년 첫 입국. 고덕동에 배달전문 중화요리 전문점을 시작으로 한국에서도 외식업으로 두각을 나타낸다. 이후 양꼬치 전문점 '미각'을 차려 승승장구한다. 현재 서울과 수도권 등에 7개 직영점과 26개 가맹점을 갖고 있다.

장사의 신(神) 나눔의 신

"

가게를 차릴 때마다 지인들이 넉넉한 형편이 아닌데도
선뜻 돈을 빌려준 덕분에 오늘의 제가 있다는 걸 잊지 않았죠.
나만 챙기며 살자는 생각으로는 절대 성공할 수 없다는 걸 경험에서 배웠거든요.
성공은 나눌수록 더 커진다고 생각합니다.

"

"양꼬치엔 칭다오~!"

TV 예능프로에 출연한 배우가 외치면서 유행어가 될 정도로 양꼬치 열풍이 뜨겁다. 양꼬치가 본격적으로 등장한 건 1992년 한중수교 이후 중국동포들이 국내에 대거 들어오면서부터다.

초창기에는 영등포구 대림동, 안산, 수원 등 조선족 집단 거주지에서 만 성행했으나, 지금은 어엿한 '전국구 음식'으 로 부상했다. 주로 맛에 대한 호기심이 강한 20, 30대 젊은 층에서 즐겨 찾는다.

양꼬치 전문점 '미각'의 서용규 대표는 젊은 층의 까다로운 입맛을 제대로 사로잡았다. 덕분에 그는 현재 서울과 수도권 등에 7개 직영점과 26개 가맹점을 가지고 있다.

서울 종로 피아노 거리에 있는 직영점에서 서 대표를 만났다. 가게에 들어서자 고소한 냄새가 식욕을 당기고, 잠자던 혀를 깨운다. 테이블마다 손님이 빼곡하다.

미각은 현재 직영점에서만 연 60억 원 정도 매출을 올리고 있다고 한다. 직영과 가맹점 모두 매장 크기에 따라 차이는 있지만 연 매출이 평균 7억 원 이상으로 국내 양꼬치 업계에서 평당 매출이 제일 높다고.

미각의 인기 비결에 대해 묻자 서 대표는 "한국인을 주요 고객으로 삼아 현지화한 메뉴를 개발한 덕분"이라고 말한다.

▎가난해도 먹을거리 풍부했던 유년이 외식업 밑간

용규 씨는 흔히 말하는 조선족이다. 중국 흑룡강성 수화시가 고향이다. 어릴 적 그는 그 시절 대부분의 사람들이 그랬듯 가난했다.

초등학교 4학년 때까지 무릎 기운 바지를 입고 다닐 정도였다. 농사를 지었고, 소, 돼지, 오리, 닭 등을 키워 먹을 건 풍족한 편이었다. 친구가 많았고, 교우관계도 좋았다. 매일 10여 명이 모여서 구슬치기와 자치기, 딱지치기, 말타기 놀이로 시간 가는 줄 모르고 놀다가 깜깜해서야 엄마 손에 귀를 잡혀 집에 가곤 했단다.

"저희 동네에 150가구 정도가 살았는데, 친가와 외가가 한동네였어요. 6촌 형제 빼고 사촌 친척만 해도 40명 정도였죠. 대가족이 모여 살아서인지 늘 웃음꽃이 피고 화목한 어린 시절을 보냈어요."

그 나이 또래의 여느 시골 개구쟁이처럼 어린 시절을 보낸 그는 중학교와 고등학교 시절도 별 탈 없이 지냈다. 공부에 크게 취미가 없던 그는 고교 졸업 후 대학을 가는 대신 천진에 있는 한국 무선호출기 회사에 취직했다.

이후 통역과 기지국 AS를 담당하며 모은 돈으로 1998년 하얼빈시에 한식당을 열었다. 꽤 일찍 사업을 시작한 셈이다. 어릴 때부터 돈을 많이 벌겠다는 꿈 같은 게 있었던 걸까. 아니라면 경제관념이 또래들보다 앞섰던 걸까.

"딱히 큰돈을 벌어야지, 그런 구체적인 꿈을 꾼 건 아니에요. 다만 형이 부모님 속을 엄청 썩였는데, 그걸 보고 이다음에 크면 돈 벌어서 우리 삼남매 키우느라 고생하는 부모님 호강시켜야지, 하는 생각은 자주 했던 거 같아요. 그게 현실이 된 거죠. 지금 부모님이랑 저희 부부, 자식 세 명 이렇게 일곱 식구가 지지고 볶으면서 살고 있습니다. (웃음)"

"고교 졸업 후 첫 취직한 곳이 한국 업체였고, 모은 돈으로 한식당을 시작했다고 했는데, 한국에 대한 로망 같은 게 있었나요?"

"예, 사회생활을 시작하고 나서 마음속에 항상 한국에 대한 로망이 있었어요. 우선은 한국에 다녀온 동네 분들이 부유해졌거든요. (웃음) 또 하얼빈에서 생활하면서 접했던 한국인 사업가나 유학생들을 보면 예의 바르고 말투나 인상착의가 멋있어 보였거든요. 그래서 한국은 법 없이도 살 수 있는 곳이구나, 거기 가면 돈도 많이 벌 수 있겠구나, 했죠.

그리고 그때 조선족 특성상 큰 도시에서는 항상 한국인들 모이는 곳에 조선족들이 옮겨 다니면서 생활했죠. 일거리가 있었으니까요. 그때 우연한 기회에 천진 주재 삼성그룹 직원의 추친으로 삼성에 입사하게 되었어요. 3년 반 정도 근무하면서 매년 한 달씩 한국에 연수받으러 왔는데, 그때 개인적으로 참 많이 성장했어요. 지금의 나를 있게 한 시간들이었죠. 더욱이 내가 회사생활이 적성에 맞지 않다는 것도 깨달았던 시기였고요. 그래서 98년에 회사의 만류에도 불구하고 사직을 하고 하얼빈으로 돌아가서 개원요리라는 한식당을 차렸지요. 이때부터 본격적으로 요식사업을 시작하게 된 거죠.”

그가 일할 당시 일반회사에 다니던 조선족 월급은 평균 150달러였단다. 이에 반해 그는 삼성에서 무려 750달러의 월급을 받았다. 그 좋은 회사를 왜 그만두느냐는 주변의 만류가 있었지만 자신의 사업을 해보고 싶어서 망설이지 않았단다. 어려서부터 요리에 관심이 많았고 고교 시절 식당 주방에서 요리를 배웠던 경험을 살리고 싶었기 때문이다. 하얼빈체육대 앞에 식당을 차렸는데 입소문을 타면서 점심시간엔 한참 줄을 서야 할 정도로 장사가 잘됐다.

주방에서 음식을 만들면서 경영하려니 눈코 뜰 새 없이 바빴지만, 손님들의 “맛있다”는 칭찬에 신이 나서 힘든 줄도 몰랐다고 그 시절을 회상한다.

▋ 야반도주하듯 여권 하나 달랑 들고 한국행

승승장구하리라 생각했던 한식당은 그러나 예상치 못한 곳에서 위기가 찾아왔다. 한국식당에 주류를 납품하는 폭력조직이 무리한 요구를 해와 시비와 싸움이 벌어졌고, 이로 인해 더는 현지에서 식당업을 지속하기 힘들게 된 것이다. 신변에 위협마저 느낀 용규 씨는 제대로 사업을 정리하지도 못한 채 쫓기듯 한국행 비행기에 몸을 싣는다.

그렇게 야반도주하듯 서울에 온 게 1999년 말. 몸에 지닌 것이라곤 달랑 여권 하나와 한 가지 생각뿐이었다.

'장사를 하는 거야!'

그는 당시 한국에 들어온 동포들이 주로 가는 막노동판에 가지 않았다. 대신 요식업협회에 있는 사람과 자주 접촉을 했고, 한국 요식업계에서 중화요리점의 분포가 제일 많다는 걸 알아냈다.

그 길로 벼룩시장을 보고 동서울터미널에 있는 중국관이란 중화요리집에 취직했다. 운전면허증이 없던 때라 오토바이 대신 자전거를 타고 배달 일을 다녔다. 한 달여간 자전거로 배달을 다녔는데, 청바지 가랑이가 다 닳아서 헤어질 정도로 힘든 시간이었다. 그 짧은 동안 몸무게가 무려 7킬로나 빠졌다.

그러나 고진감래라고, 그렇게 치열하게 산 덕분에 1년 4개월이 지난 2001년 3월 그는 드디어 강동구 고덕동에 배달전문 중화요리 전문점을 차린다. 한국에서 문을 연 그의 첫 번째 가게였다. 투자금의 반은 당시 일본에서 생활하던 막내이모의 도움을 받았다.

3년 뒤에는 대치동에 홀을 갖춘 전문 요리점도 냈다. 그렇듯 그는 젊음과 성실함을 무기로 숨 가쁘게 달렸다.

그러나 장사가 잘 되던 2006년 그는 또다시 사업을 접어야 했다. 그때까지 용규 씨는 불법체류자 신세였다. 당시 정부는 방문 취업비자(H2) 제도를 시행하면서 '불법체류자 양성을 위한 자진귀국' 제도를 내놓았고, 그는 주저 없이 귀국길에 올랐다. 가게는 한국의 친척한테 양도했다.

"한국에서 사업을 제대로 해보고 싶은 욕심에 비자 만기에도 남아 있었죠. 그러다 보니 가게 명의도 차명으로 해야 했고 단속 때문에 늘 가슴을 졸여야 했죠. 자진 귀국하면 나중에 H2 비자로 재입국할 수 있다는 말에 주저 없이 보따리를 쌌습니다."

▌현지화 메뉴로 한국인 입맛 공략에 성공

2008년 용규 씨는 합법적인 신분으로 한국으로 돌아온다. 이젠 혼자가 아니었다. 중국에 가 있던 1년6개월 사이에 결혼도 하고 아들도 낳았다. 하지만 그사이 벌어놓은 돈도 다 까먹고, 식솔까지 생겨서 처음 여권 한 장 지니고 왔을 때보다 더 힘들었다. 나만 배부르면 됐던 시절과 달리 처자식을 먹여 살려야 했기 때문이다.

용규 씨는 고심에 고심을 거듭한 끝에 2009년 노량진에 매운 짜장·짬뽕을 주요리로 내세운 중화요리점을 낸다. 네 번째 창업이라서 자신이 있었고, 이번에는 제대로 대박 한번 쳐보자, 의욕도 넘쳤다.

예상은 적중했다. 마침 매운맛이 인기를 끌기 시작할 때여서 1년 만에 월 매출 4천만 원을 훌쩍 넘어섰다. 가게를 더 키우려면 차별화가 필요하다는 생각에 새로운 메뉴 개발에도 몰두했다. 그때 생각해 낸 것이 양꼬치였다.

"2010년 고향친구 모임을 위해 동대문에 있는 양꼬치 점에 갔다가 깜짝 놀랐죠. 월 매출이 1억 원이라는데 손님 중에 조선족은 거의 없더군요. 양고기는 한국에서는 익숙한 음식이 아니어서 중국 출신자만 즐기는 줄 알았는데 아니었던 거죠. 그때 바로 이거다 싶었죠."

'양꼬치와 중화요리를 접목한 가게를 내보자'는 데 생각이 미쳤고, 용규 씨는 신중히 준비했다.

'승부처는 차별화다.' 우선 생후 6개월 전후로 도축해 육질이 부드러운 호주산 양고기를 들여왔고, 특유의 냄새를 없애는 밑간에서부터 구운 후 찍어 먹는 소스 등 전부 새로 개발했다.

이렇게 해서 '미각'이 탄생한다. 첫 점포는 조선족 거리가 아닌 고려대 앞 먹자골목에 차렸다.

"한국인을 주고객으로 잡고 중국 음식 특유의 향을 없애면서 고소함과 단맛을 내세웠죠. 한국의 젊은층이 몰리는 곳에서 정면 대결해야 크게 키울 수 있겠다 싶었거든요. 저희 매장은 고객의 99%가 한국인입니다. 덕분에 고대 앞의 1~2호점은 연 매출 합계 25억 원을 올리는 먹자골목의 명물이 됐죠."

조리법을 가르쳐주고 있는 서용규 대표

이후로 종로와 판교, 안양 범계역 주변에도 직영점을 냈다. 26개 가맹점 사장은 모두 용규 씨의 친인척과 지인이다. 가맹비는 한 푼도 받지 않았다. 메뉴도 무료로 전수했다. 서로 돕고 살아야 한다는 생각에서란다.

"가게를 차릴 때마다 지인들이 넉넉한 형편이 아닌데도 선뜻 돈을 빌려준 덕분에 오늘의 제가 있다는 걸 잊지 않았죠. 나만 챙기며 살자는 생각으로는 절대 성공할 수 없다는 걸 경험에서 배웠거든요. 성공은 나눌수록 커진다고 생각합니다."

사업에 자신이 붙은 그는 최근 본격적으로 프랜차이즈를 시작하려고 '미각 푸드'로 상호 등록을 하고 사무실과 교육장을 마련했다. 자신이 50% 비용을 냈고 가맹점을 하는 친구들 6명이 동참했다.

"부산 등 지방에도 가맹점을 냈는데 반응이 무척 좋습니다. 전국으로 확대해 3년 안에 200호점을 내는 게 목표입니다. 소비자 입맛은 끊임없이 변한다는 생각에 지금도 틈나는 대로 주방에 들어가 메뉴를 개발합니다."

▎나만 챙기자는 생각으론 절대 성공 못해

서 대표는 2016년 4월 한중창업경영협회의 2대 회장에 올랐다. 한국에서 사업을 크게 하는 조선족들이 모여 2014년에 설립한 협회는 후배들이 창업하는 데 필요한 노하우와 경험을 전수해 주고 있다. 그는 취임 첫 사업으로 2016년 9월부터 창업 예비스쿨을 열어 '성공 나눔'을 실천하고 있다.

"예전과 달리 가족이 함께 들어와 사는 조선족이 늘고 있어요. 저와 친인척도 마찬가지라서 이젠 명절이 돌아와도 외롭지 않아요. 여기가 제2의 고향이라고 생각하고 사회 구성원이 되기 위한 적응 노력과 봉사 활동에 나서야 합니다. 우리가 먼저 변하는 모습을 보여줘야 주변 인식도 바뀔 겁니다."

재한조선족이 과거와 달리 한국에 정주하려는 경향이 크다고 생각하는 서 대표는 2세들이 차별받지 않고 살게 하려면 1세대가 돈을 버는 것 못지않게 한국 사회에도 기여해야 한다고 믿고 있다. ▣

안석봉

조선족 3세. 38세. 중국 길림성 용정시 출생. 레브부티크호텔 총지배인이며, 레브국제여행사와
로우제양꼬치 대표다.

손대는 호텔마다
적자를 흑자로 바꾸다

"

자신감을 갖고 열정으로 뛰세요.
어떤 분야에서든 프로가 되겠다는 마음을 가지면 성공할 수 있어요.
단, 고국이라고 해도 엄연히 다른 나라이기에 먼저 이해해 주기를 기다리면
실패하기 십상입니다.

"

이제 막 양복점에서 입고 나온 듯 멋진 드레스셔츠와 베일 듯 각이 잡힌 양복, 곱게 빗어 넘긴 머리, 반질반질 윤기 나는 구두, 조심스러운 듯 반듯한 걸음걸이…. 드라마 속에 등장하는 호텔리어의 모습은 언제나 이렇게 멋지고 화려하다. 드라마 밖, 실제 호텔리어들의 모습도 이럴까?

▌ 38세의 호텔리어 억대 연봉자 되다

경기도 수원시 팔달구에 위치한 '레브부티크호텔'. 지하 1층 지상 6층의 본관과 5층 규모의 별관에 총 102개의 객실을 갖춘 3성급 비즈니스 호텔이다. 하지만 서비스만큼은 5성급 못지않다. 만실률 95%. 그야말로 실속 있고 가성비 최고인 알짜배기 호텔이다.

이 호텔의 총지배인은 올해 나이 38세의 조선족 안석봉 씨다. 그가 이곳에 스카우트되어 운영을 맡았을 때 호텔은 부도 직전의 상태였다. 2013년 4월이었다. 그런 호텔을 그는 일 년 만에 지금의 알짜배기 호텔로 만들었다. 그리고 한 달 만에 총지배인이라는 직함 대신 CEO라는 타이틀을 달았다.

석봉 씨는 여기서 그치지 않고, 그로부터 2년 후인 2015년 3월부터 인근에 있는 6층 규모의 'M스토리호텔'도 임대해 운영 중이다. 이 외에도 호텔을 경영하면서 차별화된 서비스를 제공하기 위해 '레브국제여행사'와 '로우제양꼬치' 전문점도 차렸다.

사실 석봉 씨는 레브부티크호텔에 스카우트되기 전까지는 호텔과는 무관하게 살았던 사람이다. 그런 그가 어떻게 단기간에 이런 수완을 발휘하게 된 걸까.

▌값비싼 인생 수업료 치르고 호텔리어 시작

석봉 씨의 꿈은 원래 호텔리어가 아니었다.

그는 연변대 일본어학과를 졸업한 후 상해에 있는 일본 회사에 취직해서 2년간 평범한 샐러리맨 생활을 했다. 그런데 회사가 적성에 맞지 않았다. 다시 공부를 해보자고 마음먹고 과감히 사표를 던졌다.

그리고 2006년 12월 한국에 첫 발을 디뎠다. 고향이 강원도인 할아버지의 영향으로 낯설지는 않았지만, 조선족에 대한 편견이 심할 때였다.

한국에 온 석봉 씨는 우선 충남 청양에 있는 국제문화대학원대학교 이미지경영학과에 입학해 석사학위를 딴다. 이즈음 유학 비자를 F4 비자로 바꾸었다.

대학원을 마치고 그가 가장 먼저 한 일은 창업이었다.

"2008년 안산에서 버블티를 만들어 팔기 시작했지요. 지금은 공차(貢茶)라고 해서 불티나게 팔리지만, 당시는 알려지지 않아 찾는 이가 별로 없었어요. 결국 1년 만에 문을 닫아야 했지요. 하지만 좌절하거나 실망하지 않았어요. 그러기에 저는 너무 젊었거든요.(웃음) 지금도 그 생각은 변함없어요. 조금 비싼 인생의 수업료였다고 생각해요."

그러고는 발을 디딘 곳이 호텔이었다. 전문 지식이 없으니 밑바닥에서부터 출발해야 했다.

"한국이란 나라를 경험해 보고, 경력도 쌓을 생각으로 2009년에 수원 시청 뒤편에 있는 한 호텔에 취직했어요. 계산대 업무를 보는 시간제 사원이었죠. 그러다 얼마 뒤에 '더모스트호텔'에 정식으로 입사했지요. 역시 카운터 일이었죠. 당시 그 호텔은 매달 적자였고, 빈방이 남아돌았어요. 객실을 채우려고 손님을 받다 보니 방값을 떼이기도 일쑤였어요."

호텔은 월 3천만 원의 매출에 은행 이자만 3천500만 원을 내야 하는 등 심각한 경영난으로 2차 경매를 겨우 넘긴 상황이었고, 주인 할머니가 고군분투하며 간신히 버텨나가고 있었다. 힘들어하는 주인 할머니를 어떻게든 도와드리고 싶었다. 자리가 사람을 만든다고, 과장으로 승진한 후엔 경영에 신경이 쓰이는 것도 사실이었다.

더욱이 성격상 허투루 일을 못하는 석봉 씨는 호텔을 위해, 또 주인 할머니를 위해 본격적으로 팔을 걷어붙였다.

일단 시장조사부터 했다. 자동차로 5분 거리에 있는 삼성전자 고객들이 인근 호텔에 많이 투숙한다는 사실을 알아냈다. 발로 뛰며 직접 투숙객을 유치했다. 삼성전자로 출·퇴근하며 한 달 이상 장기 투숙하는 중국인 연구원을 주요 타깃으로 정했다.

"일단 저의 이중언어 장점을 십분 활용해서 유창하게 중국어 통역을 해줬죠. 출·퇴근 버스를 운영하고, 인천공항 픽업 서비스도 했어요. 주말에는 남이섬이나 제부도로 무료관광까지 시켜주었고요. 호텔 안에서의 서비스를 객실 밖으로까지 확대한 거죠. 서비스가 좋다는 입소문이 나기 시작했고, 단골들이 하나둘 늘더군요."

덕분에 호텔은 6개월 만에 매출액이 두 배로 뛰었고, 1년 정도 지났을 때는 월 1억 이상 매출을 올리는 흑자 호텔이 됐다.

이후 지배인으로 승진한 그는 몰려드는 고객들을 다 소화할 수 없어 일부는 인근의 다른 호텔로 안내해야 했다. 덕분에 손님을 받게 된 호텔에서는 그에게 인센티브를 주었다. 이래저래 그의 주머니는 두둑해져 갔고, 더모스트호텔에서 일한 지 3년 만에 그는 샐러리맨의 꿈인 '억대연봉자'가 되었다.

▌ 확 바꿔라, 그대는 젊으니까

그러자 여기저기에서 스카우트 제의가 들어왔다. 그중 가장 적극적으로 손을 내민 곳이 적자에 허덕이고 있는 '레브호텔'이었다.

"더모스트호텔에서는 할 만큼 했다는 생각이 들었어요. 떠날 때라고 여겼죠. 그래서 레브호텔 총지배인으로 자리를 옮겼습니다."

"좋은 자리도 많았을 텐데, 왜 하필이면 적자 호텔을 선택했는지?"

"한번 겪어본 적자는 전혀 무섭지 않아요. 열심히 하면 된다는 것도요.

레브
BOUTIQUE
HOTEL

어떻게 하면 사람들을 끌어들일 수 있는지 다 해봤으니까요. 무엇보다 저는 아직 젊으니까요.”

레브호텔에 입사한 그는 성형을 하듯 호텔을 확 바꾼다. 객실은 물론 호텔 어디에서라도 무선인터넷을 사용할 수 있게 했고, 중국어 프로그램과 장기투숙객을 위한 귀중품 보관 금고도 설치했다. 지하 1층에는 탁구대와 당구대를 두고, 야외테라스도 개방했다. 출·퇴근 차량 운행과 공항 픽업 서비스는 두말하면 잔소리.

이처럼 고객들을 위한 세심한 배려와 참신한 아이디어로 레브호텔 역시 6개월 만에 매출이 두 배로 뛰었고, 1년 뒤에는 흑자로 돌아섰다.

레브호텔에서 그의 직함은 총지배인이다. 카카오톡과 위챗에 있는 레브호텔의 고객은 5천 명이 넘는데, 그는 이들 가운데 80~90%는 기억할 수 있단다. 비결이 뭐냐고, 기억력이 원래 좋은 거냐고 묻자, 고객들이 만족할 때까지 서비스를 해주니 자연스럽게 친해진 게 비결이라면 비결이라고 말하며 웃는다.

생각보다 답이 싱겁다. 하지만 서비스업에서 ‘고객이 만족할 때까지!’ 라는 것 이상의 답이 또 있을까.

▌프로의 마음으로 도전하면 성공은 ‘덤’

석봉 씨의 헌신의 노력에 힘입어 레브호텔은 2014년 바로 옆에 있는 건물을 임대해 별관도 운영하고 있다.

“부실한 운영을 정상화시키는 건 어렵지 않아요. 아직 젊어서 그런지 도전정신도 있고 나름의 노하우도 터득했다고 생각합니다. 열심히, 자신감 있게 열정을 다하면 못할 게 없는 거 같아요. 이것이야말로 제가 얻은 가장 큰 가치입니다."

이런 그를 어떤 오너가 신뢰하지 않을 수 있을까. 레브호텔의 정재석 대표가 그에게 보내는 신뢰와 애정은 무한대다.

어느 날 석봉 씨가 직접 경영을 맡아보겠다고 하자 정 대표는 흔쾌히 승낙한다. 이렇게 해서 석봉 씨는 한국에 온 지 7년 만에 호텔 CEO가 된다.

수원시는 2016 수원 화성 방문의 해를 맞아 석봉 씨를 '외국인 유치 홍보대사'로 위촉했다. 자신의 실력을 믿어주는 수원시에 화답이라도 하듯 그는 2016년 1월 행사 개막식 때 중국의 기자단을 유치해 수원 화성을 중국에 알리는 데 공을 세웠다. 현재 레브국제여행사는 수원 시청의 대표 여행사로 지정돼 있다.

한국과 중국에 '레브'라는 브랜드의 호텔을 체인화하는 게 꿈인 그는 한국에 있는 호텔리어를 꿈꾸는 후배들에게 이렇게 조언한다.

"자신감을 갖고 열정으로 뛰세요. 어떤 분야에서든 프로가 되겠다는 마음을 가지면 성공할 수 있어요. 단, 고국이라고 해도 엄연히 다른 나라이기에 먼저 이해해 주기를 기다리면 실패하기 십상입니다."

따뜻한 조언 속에 예리한 지적도 빠뜨리지 않는 그는 여전히 진화중인 38세의 호텔리어다. 📖

이용섭

조선족 3세. 42세. 중국 흑룡강성 해림시 출생. 중국에서 대학을 나온 후 도요타 근무, 2010년 결혼하며 한국 정착. 흑룡강성 해림시 특산 백주 설원으로 조선족 주류시장 60% 점유. 중국 주류, 식자재 수입·유통, 설원코리아·가인글로벌 대표.

운명을 바꾼 술

식당이나 마트 어디를 가든 문전박대를 당했어요.
이미 잘 팔리는 술이 있는데 굳이 새 술을 들여놓을 이유가 없다는 거죠.
그래서 팔리면 나중에 대금을 받는 후불제로 조금씩 납품을 했습니다.
아예 설득이 안 되는 식당은 놔두고 주변의 가게를 공략해서 실적을 쌓은 뒤에
다시 식당을 찾아가는 방식으로 공략했죠.

우리의 운명에 용기를 북돋기 위해서는 한 잔의 술을!
– 스코틀랜드 메리 여왕 –

국내에 들어와 있는 조선족은 대략 70만여 명. 이들이 가장 즐겨 찾는 술은 무엇일까? 소주나 맥주일 것 같지만 뜻밖에도 중국에서 건너온 백주(白酒)인 '설원'(雪原)이다.

이 설원은 양꼬치, 연변냉면 등 조선족이 즐겨 찾는 식당은 물론이고, 서울 구로 일대의 중화요리집에서도 손쉽게 찾을 수 있을 정도로 인기가 있다. 조선족 주류시장에서 설원의 점유율은 무려 60%에 달하는 것으로 파악된다.

중국 흑룡강성 해림시에서 생산되는 이 술을 국내에 독점 공급하는 이는 가인글로벌 대표인 이용섭 씨.

▌회사 설립 5년 만에 연매출 100억대

서울시 구로구에 위치한 가인글로벌을 방문했을 때 그는 직원들과 함께 한국인 상대 마케팅 전략을 짜고 있었다.

2011년에 설립된 가인글로벌은 5년 만에 직원 50명에 매출 100억 원을 넘어서며 급속도로 성장하고 있다. 설원을 비롯해 하얼빈 맥주 등 20여 가지의 주류와 기타 중국 식자재를 취급하고 중국 여행객을 상대로 한국화장품도 판매한다. 이 가운데 설원을 앞세운 주류 판매로만 60억 원 이상의 매출을 올리고 있다.

먼저 조선족이 특별히 설원을 즐기는 이유가 있는지 물었다.

"저(低) 알코올의 술을 선호하는 것은 세계적인 추세라고 봐요. 보통 중국술은 알코올 도수가 35도를 넘고 50도 이상도 흔한데 설원은 30도가 대표상품이지요. 국내 조선족뿐 아니라, 동북 3성과 청도, 대련, 상해 등에서도 인기가 많아요."

"설원을 국내에 도입하게 된 특별한 계기가 있을 거 같은데요."

"평소 궁금증이 많은데 그게 사업 아이디어로 이어진 거죠. 중국 각지에서 조선족이 가장 즐겨 마시는 술인데 한국에서 고향 친구들을 만났더니 전혀 다른 중국술을 마시더라고요. 식당이나 마트에서 아예 취급을 안 하는 걸 보고 한국으로 들여오면 사업이 되겠다 싶었죠."

▌고객의 문전박대를 두려워하지 마라

설원의 생산지인 해림시가 고향인 그는 남다른 이력의 소유자다. 중국에서 대학을 마치고 일본 유학 후 도요타에 입사해 중국에서 장기출장 근무를 했다. 그러다 도요타를 그만두고 인재파견 회사를 차려 일본에 한국과 중국의 인력을 공급하다 2년 만에 회사를 친구에게 넘기고 2010년 한국에 정착했다.

세계적인 대기업을 박차고 나온 것도 모자라 한창 잘나가던 자신의 회사마저 갑자기 친구에게 넘긴 이유가 궁금했다.

"도요타가 중국에 공장을 세우는 일로 2005년부터 2007년까지 2년간 상해에서 파견 근무를 했습니다. 중·일 양국의 문화와 언어를 잘 안다는 이유로 60여 명의 파견 일본인을 관리했죠. 당시 급여가 월 1천 500만 원이었어요. 그런데 파견을 마치고 돌아가니 다시 월 400만 원의 평사원 신분이 됐습니다. 견디기 힘들었죠. 무엇보다도 사람을 관리하는 경영에 눈을 떴기에 내 사업을 해야겠다는 생각이 들었습니다."

이런 이유로 도요타를 그만둔 그는 2008년 중국과 한국에서 인력을 확보해 일본에 공급하는 회사를 설립한다. 일본 제조업이 불황에 대비해 경기가 좋을 때도 정식사원을 채용하지 않고 파견회사를 통해 충당하는 데서 착안한 것이다.

당시 사업차 한국을 자주 찾았던 그는 서울에서 귀화한 조선족 여성을 만나 2010년 결혼도 한다. 결혼과 동시에 한국에 정착하게 되고, 인재파견 회사도 정리했다.

"저축한 돈으로 집을 사고도 6억 원 이상이 남아서 좀 쉬다가 다시 취업하려고 했죠. 도요타에서 일한 경험을 살려 한국 자동차기업에 들어갈 생각이었는데 결국 창업을 했습니다. 직장인보다 내 사업을 하는 게 체질인가 봅니다.(웃음)"

▌2년간 매일매일 자사 제품 취급점 찾아가 식사

주류 유통업 경험이 전무한 그는 무작정 고향인 해림시의 설원 제조 공장을 찾아가 한국 판매 독점권을 따냈다. 당시 공장에서는 고향 사람이라서 도와줄 뿐, 별 기대를 안 했다고 한다. 그런데 지금은 전체 생산량의 20%를 수입하는 '큰손'이 됐다.

그렇다고 큰손이 거저 된 건 아니다. 신고식도 호되게 치러야 했다. 술은 기호식품으로 보통 마시던 것을 찾게 마련이어서 시장개척이 쉽지 않았기 때문이다.

"식당이나 마트 어디를 가든 문전박대를 당했어요. 이미 잘 팔리는 술이 있는데 굳이 새 술을 들어놓을 이유가 없다는 거죠. 그래서 팔리면 나중에 대금을 받는 후불제로 조금씩 납품을 했습니다. 아예 설득이 안 되는 식당은 놔두고 주변의 가게를 공략해서 실적을 쌓은 뒤에 다시 식당을 찾아가는 방식으로 공략했죠."

초기 2년간은 365일 내내 자사 제품을 취급하는 식당을 찾아다니며 직원들과 식사를 했다. 고객과 판매점이 없으면 회사도 성장할 수 없다는 생각에서였다. 식당의 마음을 얻는 기회이자 고객의 소리를 직접 들을 수 있는 자리이기도 했다.

2011년 말에 국내에 첫 선을 보인 설원은 입소문을 타면서 급속도로 퍼졌다. 지금은 중국 식당과 중국 식자재를 취급하는 마트 등 전국 5천여 개 점포에 공급하고 있다.

2012년에는 국내 중화요리점 등 한국인 주류시장 공략을 위해 '설원 코리아'라는 자회사를 설립했다. 내친김에 중국 식자재도 수입해 마트에 공급하고 있다. 2015년부터는 서울의 동대문, 화곡동, 마포 3곳에 중국 여행객을 대상으로 하는 화장품 전문매장을 내고 한국산 화장품을 판매하는 등 사업 다각화에도 힘을 쏟고 있다.

위기도 있었다. 설원이 인기를 얻자 유사상품을 만들어 판매하는 업자들이 등장한 것이다. 그는 2년간의 지루한 소송 끝에 상표 등록과 특허권을 취득했다.

그가 중국 제조공장에 최우선으로 요구하는 것은 품질 제일주의다. 가격 상승은 감수할 수 있지만 품질 하락은 절대 안 된다는 것. 그의 사업철학이다.

"사람이 먹는 음식이기 때문에 당장의 이익에 급급해 안 좋은 원자재를 쓰면 결국 소비자가 등을 돌리게 됩니다. 앞으로 한국 소비자도 공략할 계획이기 때문에 신뢰를 더욱 중요시하고 있죠."

▌사업 성공 비결 나눠야 이득

사업적으로 성공한 그를 찾는 이들도 꽤 많다. 무역과 유통 등 사업에 조언을 구하려고 찾아오는 사람은 누구도 마다치 않는다. 자기만의 비결이라며 숨긴다고 해서 숨겨지는 일도 아니며 적만 늘어나기에 차라리 성심성의껏 조언해 친구로 만드는 게 사업적으로도 훨씬 이롭다는 생각에서다.

"이 정도면 성공했지 싶어 머무르려는 순간 주변을 경계하고 보수적으로 변합니다. 그러면 기업은 자연 쇠퇴하게 됩니다. 그러지 말고, 모든 걸 공개해 선의의 경쟁자가 늘어나면 더 분발하게 되고 시장의 규모도 커지는 긍정적인 효과가 있습니다."

▌민속축제에 매년 2천만 원 후원

이 대표는 중국동포연합중앙회가 추석 연휴에 여는 민속축제에 매년

2천만 원을 후원하는 등 동포 챙기기에도 열심이다.

돈은 바르게 많이 버는 것도 중요하지만 잘 쓰는 것이 더 중요하다는 게 돈에 대한 그의 철학이다. 더불어 사는 세상이기에 나눔도 회사의 주요 업무 중 하나라고.

마지막으로 주량이 250㎖ 설원 반병이라는 그에게 술을 마시는 법도를 물었다.

"적당히 마시면 분위기를 밝게 하는 좋은 음식이지만 과음하면 주사가 나오고 흉해지는 건 누구나 마찬가지죠. 그러니 주량을 알고 마시는 게 술 마시는 데 있어서 제일 중요한 것 같아요."

누군가 그랬다. 죽은 후 백두성에 닿을 만큼의 돈을 남기더라도 생전의 한 잔 술만은 못하다고. 단, 그가 말한 대로 적당히, 마시는 술에 한해서. 백두성에 닿을 만한 돈도 없으니, 오늘은 설원이나 한 잔 해야겠다. 분위기 좋은 곳에서, 적당히!

여행업계에서 가장 출세한
조선족 김성수

김성수

조선족 3세. 51세. 중국 요녕성 심양시 출생. 심양조선족제2중학교와 북경제2외국어대학 졸업.
국영기업인 초상국국제여행사에서 근무. 현재 중국여행사(CTS)의 한국지사인 '한국중국여행사'
대표. 재한중국상회 부회장, 한국여행업협회 이사를 맡고 있다. 한국연예제작자협회의 대외정책
자문위원으로도 활동 중이다.

매출과 성공은 인격에서 나온다

"

직원들에게 공항 마중과 배웅에는 반드시 양복을 입게 합니다.
매출이 덜 나와도 좋으니 서비스에 최선을 다하라고 주문하고
고객 응대 매뉴얼을 만들어서 숙지시키죠.
덕분에 지금까지 고객의 클레임을 받은 적이 한 번도 없습니다.

"

사드 배치 여파가 있기 전까지만 해도, 제주뿐 아니라 경복궁을 비롯한 고궁과 명동, 광화문 등 서울 시내 곳곳이 유커(遊客, 중국인 관광객)로 넘쳐났다. 한국을 찾는 외국인 관광객 순위에서 유커가 일본인을 제치고 1위에 올라선 것은 이미 오래된 일이다. 유커를 빼놓고는 더 이상 관광을 논할 수 없는 시대가 된 것이다.

최근에는 유커들의 여행 스타일이 단체에서 개인으로 바뀌고 있다. 2015년에는 절반이 넘는 330만 명이 가이드 없이 한국 관광을 즐겼다고 한다. 이런 변화에 발 빠르게 대응해 트렌드를 리드하고 있는 여행사가 있다. 중국에서 여행업 분야 1위를 고수하고 있는 중국여행사(CTS)의 한국지사인 '한국중국여행사'이다.

이 여행사를 이끄는 수장은 한·중 간 여행업계의 마당발로 불리는 김성수 대표다. 그는 2011년 지사 대표로 부임해 3년 만에 매출을 10배

경복궁을 찾은 중국 관광객들

로 늘려 100억 원을 달성하는 기염을 토했다. 이 와중에 직원도 5명에서 40명으로 늘어났다.

서울 중구 다동의 여행사 사무실에서 그를 만났다. 그는 차분하면서 지조가 느껴지는 말투로 이렇게 말문을 열었다.

"공격적으로 영업하면 매출을 더 늘릴 수 있지만 중국 국영기업이기에 보수적으로 내실을 다지는 데 집중하고 있지요."

이 회사가 2015년 유치한 유커의 숫자는 뜻밖에도 3만 명. 한국을 찾은 전체 유커의 5%에 불과했다. 유치 고객이 생각보다 너무 적다. 지나치게 '보수적'인 전략 아닌가, 물었다.

"저희는 고품격 여행 상품에만 주력합니다. 중국 정부 인사나 국영기업 임직원이 한국에 올 때 숙박과 교통편의를 제공하는 등 의전에도 신경을 쓰기 때문에 숫자는 큰 의미가 없습니다. 저가·덤핑 여행 상품은 결국 여행사와 고객 모두에 손해예요. 값을 제대로 받고 대신에 성심성의껏 서비스를 제공하는 게 단골을 확보하는 지름길이죠."

한국중국여행사는 18개 해외 지사 중 영업실적이 1위(2013~2014년)란다. 우수지사로 2년 연속 선정됐다. 2015년에는 메르스 여파로 매출이 80억 원으로 다소 줄었고, 2016년에도 사드 영향은 있지만 전년 수준을 유지했다.

▌여행 관련 국영기업 조선족 중 '가장 출세한 사람'

김 대표의 고향은 중국 요녕성 심양시이다. 심양조선족제2중학교를 나와 북경제2외국어대학에서 일본어를 전공했다. 졸업 후엔 국영기업인 초상국국제여행사에 입사했다. 졸업하던 1989년은 천안문사태의 여파로 북경에서 취업하기가 쉽지 않았는데, 운이 좋았다고 겸손해 한다. 하지만 운만은 아니다. 한국어와 일본어에 능통한 그는 홍콩을 경유해 들어오는 양국 관광객을 모두 상대할 수 있다는 점에서 후한 점수를 받은 것이다.

2002년 한일월드컵 개최를 계기로 한국을 찾는 중국인이 늘어나면서 그는 국내 관광뿐만 아니라 해외관광도 맡게 된다.

2008년에는 회사가 중국여행사에 흡수되면서 북한을 포함해 한반도에서 중국을 찾는 관광객과 중국에서 한반도를 방문하는 여행객 모두를 상대하는 총책임자로 발탁된다. 그러다가 2011년 한국지사 대표로 발령받아 본격적인 한국 생활을 시작한다.

그는 여행업 분야의 국영기업에 근무하는 조선족 가운데 '가장 출세한 사람'으로 평가받는다. 세간의 이런 평가에 대해 그는 어떻게 생각할까.

"우리말과 문화를 잘 안다는 것도 발탁 사유 가운데 하나긴 했죠. 하지만 그보다는 입사 이래로 조선족이라는 것을 내세우지 않고 실력으로만 평가받으려 노력한 덕분이 아닌가 생각합니다."

▌'고품격 여행'에 집중하고, 첫 방문자에게 신경 써라

단체관광으로 한국을 찾는 유커의 대부분은 첫 방문자라고 한다. 이들의 재방문율은 얼마나 될까.

구체적인 데이터는 없지만, 이들의 재방문율이 현저히 떨어지는 건 사실이다. 실력 좋은 김 대표에게 한국 관광업계에 조언 한 수 부탁했다.

매출은 인격에서 나온다고 말하는 김성수 대표

"중국은 인구 대국이라 해외 여행객이 늘었다 해도 아직 소수입니다. 그러다 보니 생애 첫 해외 관광지로 지리적으로 가까운 한국을 선택합니다. 문제는 너무 저가 상품으로 고객을 유치한 여행사들이 손해를 만회하려고 쇼핑에 치중하고 심지어 가이드가 구매를 강권하기도 해 불평이 쏟아진다는 겁니다. 그러니 재방문율이 낮을 수밖에요. 이는 양국 우호 관계에도 악영향을 줄 수 있어서 국가적으로도 손해입니다."

그의 지적은 예리하다. 현재 국내에서 유커 유치에 나서는 여행사는 대략 300여 개. 이 가운데 자격을 갖춘 곳은 100여 개에 불과하다. 무자격 여행사가 난립하다 보니 출혈경쟁이 심각할 수밖에 없다.

2016년 초 문화체육관광부가 자격 미달 업체 70여 곳을 퇴출했지만 업계를 정화하기에는 한계가 있다. 김 대표는 이러다가는 유커들이 다 떠나 여행업계가 공멸할 수 있다고 안타까워한다.

"최선 다해 섬기면 지갑 저절로 열린다"

회사에서 그는 어떤 상사일까. 그가 회사 직원을 뽑는 첫 번째 조건은

고궁에서 한복을 입고 기념촬영을 하고 있는 중국 관광객들

품성이다. 서비스업의 특성상 고객의 다양한 요구에 짜증 내지 않고 응대하려면 때로는 희생이 필요하기 때문이란다.

"공항 마중과 배웅에는 반드시 양복을 입게 합니다. 매출이 덜 나와도 좋으니 서비스에 최선을 다하라고 주문하고 고객 응대 매뉴얼을 만들어서 숙지시키죠. 덕분에 지금까지 고객의 클레임을 받은 적이 한 번도 없습니다."

정식 직원은 아니지만 회사 소속으로 활동하는 50명의 가이드 교육에도 심혈을 기울인다. 그가 가이드에게 입버릇처럼 하는 말은 "매출은 인격에서 나온다"이다. 여기에는 '절대 구매를 강요하지 말고, 최선을 다해 섬기면 자연스럽게 지갑이 열린다'는 인식이 깔려 있다.

더불어 역사 속에 등장하는 한중 교류의 영웅 이야기를 많이 전하라는 주문도 빼놓지 않는다. 예로 드는 인물은 고구려 출신으로 당나라의 서역 원정에서 큰 공을 세운 고선지 장군이나 신라시대 해상왕으로 불리며 한중일 교류에 이바지한 장보고다.

"유커들에게 양국의 우호 관계가 역사적으로 오래됐다는 것을 알리고 있습니다. 한일관계는 침략사가 대부분이지만 한중 간에는 교류사가 더 많은 친근한 이웃이라는 거죠. 가이드의 한마디에 친한파가 될 수도 있고, 반대로 반한감정이 생길 수도 있기 때문입니다. 스스로 민간외교관이라는 사명감을 갖는 게 중요하다고 생각합니다."

김 대표는 화교가 중심인 재한중국상회 부회장이며 중국 국적자로는 유일하게 한국여행업협회 이사를 맡고 있다. 또 한국연예제작자협회의 대외정책자문위원으로 활동하면서 폭넓은 인맥을 활용해 한류 합작 드라마나 아이돌 콘서트 추진 등 한류의 중국 진출에도 도움을 주고 있다.

"한중 관계는 서로 필요로 하는 부분이 많아 일시적으로 주춤할 수 있어도 장기적으로는 교류와 협력이 늘어날 겁니다. 지금이야 사드 여파로 답보 상태지만, 유커의 한국 방문 붐도 최소 10년은 지속할 것이라서 충분히 승산이 있다고 봅니다."

한국중국여행사의 한국 증시 상장을 차근차근 준비 중이라는 그는 그 어느 때보다 자신감에 차 있다. ▐

이명화

조선족 3세. 50세. 중국 흑룡강성 아성시에서 태어나고, 상지시에서 성장했다. 한때 스케이트 선수와 육상, 배구 선수로도 활약했다. 중국에서는 미용실과 한국식당을 운영했으며, 서른에 한국에 왔다. 삼성생명에서 설계사를 시작한 지 10개월 만에 보험 명인에 오르고, 이후 9년째 이를 유지하고 있다.

명인(名人)은 어떻게 탄생하는가?

내 계약처럼 설계를 해주는 게 중요해요.

아무리 명품이라도 누구에게나 맞는 건 아닙니다. 맞춤형 설계가 필요하죠.

열심히 뛰면 고객은 절대 배신하지 않아요. 고객관리라고 해서 특별한 건 없어요.

다만 고객이 안 보는 것 같아도 다 보고 있기에 성실히, 그저 열심히 하는 것뿐입니다.

'국내 유일의 조선족 보험 명인'.

오늘 만나기로 한 이명화 씨의 타이틀이다. 가을 어느 날, 약속시간보다 조금 늦게 가쁜 숨을 몰아쉬며 카페 문을 열고 들어오는 명화 씨. 자리에 앉기도 전에 그녀는 1시간 뒤 고객과 미팅이 있어 30여 분밖에 시간을 낼 수 없단다. 그녀도 우리 기자들처럼 늘 뛰듯이 걷는단다. 그녀가 바쁘니 필자 마음도 바빠진다. 속사포 질의응답을 주고받는 사이에도 그녀의 핸드폰은 쉴 새 없이 울려댄다.

▍설계사 10개월 만에 명인, 이후 9년째 유지

"삼성생명 소하지점에 오던 첫해인 2010년부터 명인에 올랐어요. 10개월 만에 명인이 됐는데, 당시 연봉이 꽤 됐죠. 그때 이후 지금까지 9년째 이 타이틀을 보유하고 있어요."

"고객은 얼마나 되나요?"

"3천 명이 넘어요."

"연봉이 어마어마할 것 같은데…."

"비밀이에요.(웃음) 다른 명인들이 받는 수준이지요."

"언제까지 이 일을 하실 생각인지…."

"건강이 허락할 때까지 해야죠. 끝까지 명인으로 남고 싶고요."

명화 씨의 말에선 명인으로서의 포부와 자신감이 넘친다.

최고에겐 항시 견제도 있게 마련. 승승장구하는 그녀에 대해 주변 설계사들의 부러움과 질투도 만만치 않을 것 같다. 어찌 보면 그건 최고만이 누릴 수 있는 즐거운 비명 아닐까.

사실 명화 씨도 명인이 되기 전에는 평범하거나, 남들보다 조금 더 힘든 시간들을 보냈다고 한다.

▌ 명인은 어떻게 탄생하는가?

그녀는 중국 흑룡강성 아성시에서 태어나고, 상지시에서 성장했다. 상지체육대학에서 스케이트 선수를 했고, 흑룡강성을 대표해 각종 대회에 출전하기도 했다. 육상과 배구 선수로도 활약했다.

대학 졸업 후 나중에 배워놓으면 써먹을 수 있겠다 싶어 미용 기술도 배웠다. 실제 북경에 이주했을 때 미용실을 차리는 데 도움이 됐다. 하지만 임신한 뒤 염색 약품이 태아에게 좋지 않다는 얘기를 듣고는 미용 일도 과감히 접었다.

딸을 낳은 후 이번엔 한국 식당을 열었다. 한국의 큰 기업들을 주로 상대해서 제법 돈을 만졌다. 그런데 문득 한국이란 나라에 가서 살고 싶어졌다. 할아버지의 고향(경북 경주)인 한국에 부모와 친척들이 살고 있었기 때문이었다. 식당 문을 닫았다. 그리고 서른의 나이에 무작정 한국행 비행기에 올랐다.

일단 울산으로 가서 숙모와 슈퍼마켓을 차렸다. 북경에서 한국 식당을 해서 번 돈이 투자 밑천이 됐다. 장사는 그럭저럭 잘 됐다. 하지만 주변에 조선족이 많지 않아 늘 외로웠다. 서울로 거처를 옮겼다.

강남의 선릉에 둥지를 튼 명화 씨는 사촌 오빠의 도움으로 이번에는 옷가게를 차렸다. 사업 수완은 그다지 없었지만 그렇다고 돈을 못 번 것은 아니었다.

"큰돈은 못 벌어도 딸아이 남부럽지 않게 학교 보낼 정도는 됐어요. 하지만 목욕탕에서 넘어져 다리를 다치는 바람에 옷가게도 문을 닫아야 했지요. 다리 수술을 두 번이나 해서 1년 반 정도 휠체어에 의지해야 했거든요. 이후에도 한동안은 목발을 짚고, 보조기를 차고 다녔어요. 거의 4년을 꼼짝없이 집안에 갇혀 지냈죠."

▌ 4년간 휠체어 신세가 인생 2막의 터닝 포인트

인생지사 새옹지마라고 했나. 불운이라면 불운일 수 있는 그 4년의 투병 생활이 그녀에게 새로운 인생을 살게 해 주는 계기가 될 줄 누가 알았을까.

보험 설계사에 대한 인식이 달라진 것도 그때였다. 당시 수술비와 입원비 등 병원비가 만만찮았는데, 다행히 전에 들어놓은 보험으로 충당할 수 있었기 때문이다. 또 병원에 있을 때 설계사들이 병문안을 오는 것을 보고는 '참 좋은 일을 하시는 분들'이라는 생각이 들었고, 건강이 좋아져 다시 걸을 수 있게 된다면 설계사를 해봐야겠다고 마음먹었다.

설계사들의 출발이 대개 그렇듯 명화 씨도 지인의 부탁으로 시작하게 되었다고.

종로에 있는 삼성생명 대리점에 자신의 코드가 생겼지만, 그때까지만 해도 적극적이진 않았다. 계약을 성사시켰을 때만 사무실에 나갔다.

"그때도 실적은 나쁘지 않았어요. 돈도 생활할 만큼 벌었고요. 그렇게 몇 년 지내는데, 보험 사고가 터졌어요. 한데 전문적인 지식이 없다보니 수습이 어렵더군요. 그래서 제대로 한번 해보자고 결심하고는 소하지점을 찾아가 교육을 다시 받았어요."

교육을 다시 받은 이후 명화 씨는 무서운 상승세로 기록을 달성했다. 스스로가 보험 수혜자였기에 필요성을 더 절실하게 설명할 수 있었다. 무엇보다 모든 명인이 그렇듯 그녀는 성실했다. 첫째도 둘째도 오로지 성실함을 무기로 고객들에게 믿음을 주었다.

"내 계약처럼 설계를 해주는 게 중요해요. 아무리 명품이라도 누구에게나 맞는 건 아닙니다. 맞춤형 설계가 필요해요. 열심히 뛰면 고객은 절대 배신하지 않아요. 고객관리라고 해서 특별한 건 없어요. 고객이 안보는 것 같아도 다 보고 있기에 성실히, 그저 열심히 하는 것뿐입니다."

조선족으로만 구성된 영업지점 꾸려보는 게 꿈이라는 보험 명인 이명화 씨

▌ 첫째도 둘째도 성실함이 명인의 비결

명화 씨는 이런 성실함으로 월 납입보험료 1천만 원이 넘는 VIP 고객을 상당수 유치했다. 그녀의 계약은 80%가 소개로 이뤄진다. '성실히' 해주기 때문에 고객이 고객을 연결해 준다고. 서울을 비롯해 수도권, 부산, 제주까지 전국에 걸쳐 고객을 확보하고 있다.

그런데 특이한 점은 대부분의 고객이 명화 씨를 직접 찾아와 상담하고 계약을 한단다. 그래서 지점에서는 그녀를 두고 이렇게 말한다.

"저렇게 배짱 영업하는 설계사는 이명화 밖에 없다."

그녀가 지방에 있는 고객을 소하지점까지 부르는 이유는 단순하다.

한 사람의 고객을 위해 부산까지 달려가면 꼬박 하루를 허비하기 때문이다. 대신 고객이 찾아오면 모든 경비를 그녀가 지불하고, 더 성실히 상담에 임한다고.

그녀는 연봉의 30%를 고객을 위해 재투자한다. 고객에 맞게 사후관리를 해주는 것으로 정평이 나 있다. 가끔 들어줄 수 없는 요구를 하는 '진상 고객'도 없지는 않지만, 될 수 있으면 고객의 입장에서 생각하려고 노력한다고.

▌고객에게 감사하단 말 들을 때 가장 행복

명인으로서 가장 행복할 때는 언제일까. VIP 고객을 유치했을 때? 아니다. 설계사의 가장 큰 보람은 고객으로부터 '진심'으로 '감사하다'는 말을 듣는 것이란다.

"길림시 출신의 조선족 고객을 소개받아 계약한 적이 있었어요. 보험금 납입이 1년이 채 안 됐는데, 어느 날 갑자기 연락이 왔죠. 아내가 간암 진단을 받았다는 거예요. 병문안 갔다가 노인 두 분만 계시다는 걸 알았죠. 자식들한테도 암에 걸렸다는 사실을 알리지 않았더라고요. 아저씨는 수입이 딱 끊겨 생활이 말이 아니었어요. 아저씨가 울면서 보험금 낼 걱정을 하더라고요. 그래서 앞으로 보험금은 안 내도 되고, 치료도 공짜로 받을 수 있다고 말했어요. 그랬더니 아저씨가 제게 은인이라며 연신 고맙다고 하더군요. 그럴 때가 제일 힘이 나요."

그녀의 일터는 삼성생명이다. 삼성생명은 국내 생명보험회사 중 가장 많은 설계사가 일하고 있다. 생명보험협회에 가입된 국내 생명보험

회사 25개의 총 FC(Financial Consultant), 즉 설계사는 12만8천511명 (2016년 4월 30일 기준)이며, 이 가운데 무려 3만3천502명이 삼성생명에 몸담고 있다.

삼성생명은 매달 올리는 실적, 고객관리와 유지 등 10여 가지 기준을 정해놓고, 목표를 달성하는 설계사에게 '보험 판매 명인'이란 타이틀을 부여한다. 명인은 연도대상 시상식 무대에도 오른다. 현재 500여 명이 명인 반열에 올라있다.

명화 씨는 경기도 광명시 철산동 소재 삼성생명 소하지점 소속이며, 국내 보험사 가운데 유일무이한 조선족 명인이다.

명인에 오르면 다른 회사에서 스카우트 제의도 많다. 그러나 명화 씨는 일언지하에 거절한단다. 움직이면 손해이기 때문이라고.

아무리 명인이라지만, 설계사라는 직업이 녹록지는 않다. 가끔 그만두고 싶을 때는 없었을까. 고객이 개인 사정상 계약을 파기할 때, 터무니없는 요구로 힘들게 할 때는 그런 생각이 들기도 한단다. 하지만 잠시뿐, 그럴수록 마음을 더 단단히 다진다고.

▎조선족만으로 구성된 영업지점 꾸려 보고파

"취미가 사람 만나는 것"이라는 명화 씨에게 목표가 하나 있다.

'조선족이 진짜 똑똑한데 그것을 제대로 발휘하지 못하는 현실이 안타까워서' 조선족으로만 구성된 영업 지점을 꾸려 보고 싶다고. 이 꿈이 실현된다면, 삼성생명뿐만 아니라 국내 보험업계를 통틀어 처음 있는 일이 될 것이다.

명화 씨는 바쁜 틈을 쪼개 조선족 CEO 여성 100여 명이 중심이 된 'CK 여성위원회'에 이사로도 참여하고 있다. 매월 봉사활동을 통해 조선족의 이미지를 바꾸는 일에도 열심이다.

그녀는 보험 판매 명인뿐 아니라, 조선족의 권익과 복지를 위한 봉사에서도 명인을 꿈꾼다.

2부

인생을 바꾼
기차표 한장

꿈을 노래하는 가수 **백청강**
희망을 던지는 프로야구 투수 **주 권**
밑바닥에서 외치는 희망, 소설가 **김 노**
클래식 아코디언의 대가 **주석용**
'얼굴 없는 자화상'의 현대미술 작가 **최헌기**
'중국동포 대변인' CCTV 서울지국장 **노성해**

백청강

조선족 3세. 28세. 중국 연변 혼춘시 출생. 혼춘시 연길에서 음악학원에 다니며 가수의 꿈을
키웠다. 연변TV '전국 청소년 콩쿠르 오디션' 1등, 제1회 '청소년 신인가요제' 대상 등을 수상하며
가수로서의 재능을 일찌감치 인정받았다. 예술학교 오디션을 보게 된 날, 한국 MBC TV방송
'위대한 탄생' 청도 오디션 소식을 듣고 예술학교 진학을 포기하고 오디션에 참가, 우승을
거머쥔다.

인생을 바꾼 기차표 한장

"

절박했죠. 마지막 도전이라고 생각했으니까요.
이번에 안 되면 가수의 길을 포기하자, 그리 마음먹었죠.
연변에서 청도까지 기차로 30시간 넘게 가느라 피곤했지만
오디션에서 내 모든 걸 보여주겠다고 다짐했어요.
그 절박함이 오디션 통과는 물론 우승까지 안겨준 거 같아요.

"

예술가란 순간순간을 아름다움에 맞추고 살아가는 사람들이다. 그 아름다움의 결마다 꿈이 배어 있다. 그들은 꿈을 짓고, 꿈을 채색하고, 꿈을 노래하며 순간순간을 반짝임으로 채워간다. 백청강은 꿈을 부르는 예술가다. 그것도 너무나 정성껏, 너무나 간절하게 부른다. 그 꿈이 메마른 사람들의 마음 밭에 단비를 내린다. 그래서 그 단비를 맞은 사람들도 그처럼 꿈을 부른다. 언어로, 색으로, 혹은 노래로.

연변에서 태어난 소년은 어려서 너무 가난했다. 그렇다고 꿈조차 가난할 순 없었다. 다행히 하늘은 그에게 한 가지 반짝이는 재능을 주었다. 바로 노래였다. 그는 꿈을 노래하는 사람이 되기로 했다. 밥을 굶어도 노래만 부르면 행복했으니까. 소년에게 노래는 '꿈'과 같은 말이었다. 그리고 그는 스물두 살에 '꿈'을 부르고, '희망'을 부르는 가수가 되었다.

소년은 올해로 스물여덟 살 청년이 된다. 카페 문을 열고 그가 들어온다. 오묘한 회색빛으로 염색한 머리와 검정 셔츠 차림이 썩 잘 어울린다. 차림새로만 보면 딱 아이돌 스타다. 그가 웃는다. 순박하고 꾸밈없는 미소에 누군들 무장해제 되지 않을까.

▌내겐 너무 어두웠던 시간 속

"스물한 살에 데뷔하신 걸로 아는데, 벌써 스물여덟이에요."

"나이는 스물여덟이지만, 그동안 겪은 사연을 다 합치면 마흔 살은 족히 될 걸요.(웃음)"

담담히 웃는 말속에 아픔이 묻어난다. 유독 그가 걸어 온 인생길에는 시련과 기적이 산의 능선처럼 반복해서 펼쳐진 까닭이다.

태어난 곳이 운명이란 말이 있다. 그는 중국에서 태어났다. 그러나 주류 중국인이 아닌 조선족이라 불렸고, 몹시 가난했다. 더구나 어린 시절 부모님은 돈을 벌기 위해 한국으로 떠나고 집에는 할아버지 할머니밖에 없었다. 늘 외로웠고, 밥을 먹어도 왠지 허기가 졌다. 다행히 노래 실력 하나만큼은 초등학교 때부터 그를 따라올 사람이 없었다. 노래로 외로움을 달래고, 노래로 갈증을 해소했다. 노래는 한결같은 그의 벗이었다.

"학교에서 노래를 부르면 고학년 형들까지 찾아와서 '너 노래 잘한다.' 그러더라고요. 그래서 '아, 내가 노래를 잘하는구나.' 했죠.(웃음) 그러다 아홉 살 때, TV에서 HOT가 '위 아 더 퓨처'를 부르는 걸 보고 깜짝 놀랐어요. 너무 멋있어서요. 그때부터 한국에 가서 저런 가수가 되어야지, 마음먹었죠."

그런데 어머니가 심하게 반대했다. 공부를 곧잘 하는 아들이라, 대학 공부까지 시킬 생각에 멀리 한국으로 돈 벌러 왔는데, 정작 그 아들은 하란 공부는 안하고 '딴따라'가 된다니 어머니로선 기가 막히고 코가 막힐 노릇이었다. 하지만 소년은 꿈을, 노래를 포기할 수 없었다. 음악학원에 다니며 밤새도록 노래와 춤을 연습했다. 그렇게 피나게 연습한 덕분에 상도 여러 번 탔다. 연변에서 열리는 오디션과 노래 경연 대회에서 우승을 휩쓴 것이다.

예술이란 자신의 전 생애를 거는 것! 시인 이성복은 예술과 딴따라의 차이를 이렇게 말했다. 그도 전 생애를 걸었다. 가수가 되겠다는 소년의 의지는 이처럼 뜨거웠다. 어머니도 결국 아들의 뜨거운 의지에 감복한다. 그 후로 어머니는 아들의 꿈을 진심으로 응원한다. 그리고 언제나 가장 든든한 팬이자 배경이 되어주고 있다.

▌하지만 멈출 수 없었어

하나의 산을 넘으니 이번에는 더 큰 산이 있었다. 한국까지 가는 길이 멀어도 너무 멀었다. 그도 그럴 것이 스무 살까지 그에게 주어진 무대는 연변의 야간 업소가 전부였다.

"무대에 서고 싶은데 좀체 기회가 없더라고요. 일단 경험을 쌓자는 생각에 밤무대에 서기 시작했는데, 갈수록 '내가 왜 노래하는 거지?' '생계 때문인가?' 하는 의문이 커졌죠. 그래서 마음을 바꿨어요. '이게 다 가수가 되기 위한 거야.' 하고요."

회의가 들수록 더 노력하는 것 밖에 달리 방법이 없었다. 긍정적인 마음가짐을 갖는 게 그나마 덜 힘들었다. 그런 생각이 기적을 낳은 걸까.

한국의 MBC 방송국이 '위대한 탄생'의 중국 오디션을 청도에서 연다는 소식이 들렸다. 그런데 공교롭게도 그날은 예술학교 오디션이 있는 날이었다. 고민이 컸다. 하지만 그는 과감히 예술학교 진학을 포기하고 청도행 기차표 한장을 산다. 그리고 연변에서 청도로 가는 기차에 오른다. 30시간이 넘게 걸리는 먼 길이었다. 2010년 11월, 백청강이 스물한 살이던 때이다.

"청도행 기차 안에서 만감이 교차했을 거 같은데…"

"예, 정말 절박했죠. 마지막 도전이라고 생각했으니까요. 이번에 안 되면 가수의 길을 포기하자, 그리 마음먹었죠. 30시간 넘게 가느라 피곤했지만 오디션에서 내 모든 걸 보여주겠다고 이를 악물었죠."

"결국 오디션을 통과하고 한국에 가서 우승까지 했는데, 뒤늦은 우승 소감 한마디 하면?"

"그저 무대를 즐기면서 최선을 다하려 했습니다. 사실 운이 좋았어요. 다 도와주신 분들 덕택이죠."

그는 그때의 우승을 두고 운이 좋았다고 겸손하게 회고한다. 하지만 2011년 한국에서는 백청강 신드롬이 일었다. 스물두 살의 조선족 청년이 진심을 담아 부르는 노래에 시청자도 함께 울고 함께 웃었다.

특히 백청강이 등장하면서부터 국내에서는 중국동포를 향한 시선이 한결 달라졌다. 소탈한 모습, 투박한 조선어 말투가 오히려 신선한 호감을 불러일으켰다.

백청강 팬클럽이 줄줄이 결성되고, '아십니까'라는 뜻의 '앙까'라는 조선어 표현은 유행어가 됐다. 중국동포라고 하면 무턱대고 뒷골목 범죄자를 떠올리던 편견이 조금은 옅어지고, 백청강처럼 '성실한 이웃집 청년'도 많다는 긍정적 인식이 퍼지기 시작했다.

"제가 조금은 벽을 깼다고 생각해요. 조선족을 향한 선입견이 없진 않았죠. 문화 차이 때문이라고 봐요. 저도 데뷔 초기엔 허리를 깊이 숙여서 인사하지 않는다는 이유로 버릇없다는 소리를 들었어요. 억울했죠. 연변에서는 그렇게 인사하는 문화가 아예 없거든요. 지금은 한국 문화에 다 적응했습니다.(웃음)"

▌ 어떻게든 널 위해 일어설 거야

2012년 미니앨범 '올 나이트'로 정식 데뷔하고 방송가를 종횡무진 하던 그에게 얼마 지나지 않아 또 시련이 찾아온다. 그해 9월 직장암 초기 진단을 받은 것. 스물세 살의 젊은 나이였다.

몇 차례 수술 끝에 완치했지만 공백이 컸다. 2년여 동안 무대에서, 대중에게서 멀어졌다. 백청강에겐 그게 암보다 더 무서웠다.

"암 진단을 받았을 때는 오히려 덤덤했어요. 치료만 잘 받으면 완쾌하리란 믿음이 있었죠. 부모님은 무척 걱정하셨지만요. 암보다도 '다시

무대에 서지 못하게 되면 어쩌지…' 하는 걱정이 더 컸어요. 그때 깨달았죠. '난 죽을 때까지 무대를 떠나지 못하겠구나.' 하고요."

병을 딛고 일어선 컴백 무대도 그의 삶만큼이나 극적이었다. 2015년 MBC '복면가왕'에서 성별까지 바꾸는 반전을 선보인 것. 드레스를 곱게 차려입고 가녀린 목소리로 노래하던 가수가 가면을 벗자 판정단은 경악했다. 가면 뒤에 남자의 얼굴이 숨어 있으리라고는 상상조차 못했기 때문이다.

"여장을 처음 해봤어요. 재밌기도 했고, 관객과 호흡하면서 다시 힘을 얻기도 했죠. 이 길이 내 운명인가 봐요. 근데 힐 신는 게 너무 힘들었어요. 도대체 걸 그룹은 어떻게 힐을 신고 댄스까지 소화하는 건지… 모든 여성분을 존경합니다.(웃음)"

때로는 백청강을 향한 환호가 하루아침에 질타로 돌아섰다. '위대하게 탄생한 가수'로 추켜세웠다가도 근거 없는 루머가 돌면 수백 개의 악플이 달리곤 했다. 조선족의 흉악 범죄가 뉴스에 나오면 그를 향한 따뜻했던 시선도 금세 차가워졌다. 지금이야 스스로 감당해야 할 몫이라고 담담하게 말할 만큼 내공이 쌓였지만 아쉬움도 영 없지는 않다.

"한 걸음 앞으로 나갔다고 생각했는데 오원춘 사건 때 다섯 걸음 뒤로 물러났어요. 순식간이었죠. 방송국에서 섭외 요청을 할 때도 이런 분위기를 고려하지 않을 수 없을 거예요. 범죄는 처벌받아야죠. 한국에 왔으면 한국 법을 따라야 합니다. 다만 한 명의 잘못을 조선족 전체의 잘못으로 바라보지는 않았으면 해요. 한국 사람이라고 해서 모두 똑같지 않듯, 조선족 모두가 나쁜 건 아니잖아요."

"조선족이라고 매도당하고, 악플에 상처 받을 땐 한국을 떠나고 싶었을 거 같은데…"

"심한 악플 많이 받아 봤어요. 하지만 개인적으론 상처에 그리 민감한 편이 아니라… 오히려 오기가 생겨 더욱 잘해야겠다는 마음이 생겼죠."

연변에는 '제2의 백청강'을 꿈꾸는 가수 지망생이 여전히 많다. 한때 그들 가운데 하나였던 백청강, 선배로서 그들에게 들려주고 싶은 말이 많을 거 같은데.

"간절한 꿈이 있다면 도전하라고 말하고 싶어요. 한국은 기회가 많은 곳입니다만, 좌절할 때도 많을 거예요. 하지만 포기하지 말고 새로운 생각을 떠올려보라고 말하고 싶어요. 그러면 반드시 정답이 나와요. 제가 겪어봐서 알게 됐죠."

백청강은 특유의 감미로운 음색으로 발라드부터 댄스곡까지 여러 음악을 선보였다. 요즘은 김경호 콘서트 등에 게스트로 출연하기도 하고, 지역 축제에서 초청 공연도 하고 있다. 정규 앨범은 아직 완성하지 못했다. 모든 곡이 맘에 들 때까지 고치고 또 고치는 완벽주의 성향 때문이다. 특히 요즘은 자작곡을 쓰느라 작업실에서 보내는 시간이 많다고.

그는 가장 아끼는 자작곡으로 컨템퍼러리 발라드인 'In Time'을 꼽는다. 노래는 백청강이 걸어온 여정을 담담히 들려주는 듯하다.

하루가 내겐 너무 어두웠던 시간 속
가슴이 너무도 차가워진 기억 속
하지만 멈출 수 없었어
어떻게든 난 널 위해서 일어날 거야

시인 나태주는 그의 시에서 행복을 '저녁 때 돌아갈 집이 있다는 것,
힘들 때 마음속으로 생각할 사람이 있다는 것, 외로울 때 혼자서 부를 노
래가 있다는 것'이라고 했다. 백청강은 참 행복한 사람이다.

무언가에 좌절할 때
포기하지 말고
새로운 생각을 떠올려보라고
말하는 백청강 씨

주 권

21세. 조선족 4세. 중국 길림성 출생. 한국에는 2005년에 왔고, 2007년 귀화했다. 우암초에서 처음 야구를 시작, 청주중·고에서 일찌감치 에이스로 이름을 날렸다. 현재 소속팀은 kt 위즈 (2015~), 우완 투수다. KBO 역사상 최초의 조선족 출신이며, 프로 첫 승을 무사사구 완봉으로 장식하는 등 진기록을 세웠다.

소년, 우연을 행운으로 만들다

꿈을 이루려면 실천이 중요하다고 생각해요.
힘든 시기가 와도 차근차근 하던 걸 해야죠.
시련은 어차피 스스로 극복해야 하거든요.
누구의 도움에도 의지하지 않고 내 힘으로요.
그래야 또 다른 시련이 와도 버틸 수 있죠.

열한 살 중국인 소년은 어머니를 따라 한국이란 나라에 가게 된다. 출국 날짜가 다가올수록 소년의 걱정은 이만저만이 아니다. 낯선 나라, 낯선 동네, 어색한 말투, 새로운 친구, 자신을 바라볼 주변의 시선들…. 열한 살 소년이 부딪히고 극복하기엔 너무 어려운 숙제처럼 보였다. 드디어 인천공항에 도착했다. 역시나 모든 게 낯설다. 친구도 없다. 조금, 아니 많이 외롭다.

우암초등학교에 들어가게 됐다. 중국에서 다니던 학교와는 어떻게 다를까? 설레는 마음보다 낯설고 두려운 느낌이 더 크다. 근데 괜히 졸았나 보다. 학교도 좋고, 새 친구들도 다 잘해준다. 무엇보다 중국에서는 5시가 넘어야 하교하는데, 한국은 일찍 끝나는 날도 많아 참 좋다.

이듬해에 야구를 알게 되면서 한국에서의 학교생활은 더 좋아졌다. 소년은 어려서부터 운동을 좋아했다. 소년의 아버지는 축구 감독이었다. 일찍부터 아버지에게 축구를 배운 덕분에 축구를 잘했다. 중국에서 다니던 학교에서 소년은 축구를 젤 잘하는 아이였다.

그런데 야구공은 생애 처음 잡아본다. 학교 운동장에서 자그만 공 하나를 던지고, 치고, 받는 게 그렇게 재밌을 줄 상상도 못했다.

"이렇게 재밌는 운동도 있다니! 놀라웠죠. 그때부터 야구 하나만 바라보고 살았어요."

이렇게 만난 야구가 단숨에 소년의 인생을 바꿔놓는다. 소년은 9년 뒤 한국 프로야구 선수로 데뷔해 마운드에 서게 된다. 조선족 출신으로

선 최초다. 올해 2년 차인 케이티 위즈 투수 주 권의 이야기다.

수원에 있는 케이티 위즈 파크에서 그를 만났다. 야구와의 첫 만남에 대해 그는 이렇게 말했다.

"10년 전 학교 운동장에서 야구를 처음 했던 순간이 지금도 생생해요. 야구공으로 하는 모든 게 재밌고 신기했죠."

181㎝의 장신에 다부진 어깨, 차분한 말투가 '차세대 에이스'의 포스를 풍긴다. 하지만 어쩌다 '빵 터지는' 유머를 던질 때는 스물한 살 청년다운 발랄함이 엿보인다.

▌KBO사상 프로 첫 승을 무사사구 완봉으로 장식

주 권은 2016년 한국프로야구(KBO) 시즌에서 대기록을 세운다. 5월 27일 넥센과의 경기에서 선발로 나와 무사사구 완봉승을 거둔 것.

완봉승은 투수가 1회에 등판해 9회까지 마운드를 지키며 상대 팀에 단 한 점도 내주지 않은 승리를 말한다. 더구나 주 권은 볼 넷과 몸에 맞는 볼이 한 개도 없이 상대 타선을 꽁꽁 묶는 무사사구로 완봉승을 따냈다.

KBO 역사상 프로 첫 승을 무사사구 완봉으로 장식한 선수는 주 권이 처음이다. 창단 2년 차 막내 구단인 케이티에 첫 완봉승을 안겨준 겹경사이기도 했다.

"대단한 기록인데, 어느 정도 예상을 했나요?"

"아뇨, 상상도 못했던 일이죠. 너무 기뻐서 밤에 잠도 잘 안 오더라고요. 지금도 믿기지 않아요. 얼떨결에 완봉을 한 것 같아요.(웃음)"

"완봉승을 기점으로 달라진 게 많을 거 같은데….""

"마운드에 설 때 여유가 생기고 자신감도 붙었죠. 경기 운영 능력도 올라간 것 같고요."

진기록을 줄줄이 세우며 '특급 신인' '차세대 에이스'라는 수식어를 얻게 됐지만 앞서 그가 걸어온 길을 돌아보면 21살 청년치고는 적지 않은 굴곡을 겪었다.

"처음엔 취미로만 하려고 했어요. 근데 야구공을 잡아본 지 일주일 만에 야구를 해야겠다는 생각이 들었어요. 바로 어머니에게 말씀드렸죠. 야구선수가 되고 싶다고. 당시 어머니는 식당에서 힘들게 일하셨거든요. 그러면서도 부족함 없이 제 뒷바라지를 해주셨죠."

"야구를 하겠다고 했을 때 어머니가 반대하진 않았는지?"

"반대하셨죠. 근데, 김정열 감독님이 집까지 찾아와서 어머니를 설득해 주셨어요."

"특별한 인연이네요."

"예. 저를 야구할 수 있게 만들어주신 분이에요. 정말 감사하죠. 특히나 중국에서 왔다는 편견이 전혀 없이 절 다른 선수들과 똑같이 대해주셨어요. 정신적인 부분까지도 감독님께 큰 도움을 받았어요."

▌꽃이 그냥 피는 게 아니듯

소년은 우연히 찾아온 기회를 행운으로 '만들'었다. 행운은 거저 '얻어지'는 게 아니었다. 타고난 신체 조건과 운동 능력은 그럴 수 있지만, '연습벌레'라고 불릴 정도의 성실함은 스스로가 만들어가는 것이었다.

그런 노력 덕분에 소년은 청주중, 청주고 야구부에서 에이스로 이름을
날린다.

2014년 고졸 유망주로 꼽히던 그는 케이티로부터 '우선 지명' 선수로
발탁돼 KBO 마운드에 서게 된다. 조선족 출신이 한국 프로야구 선수가
된 건 그가 처음이다.

"지금까지 살면서 가장 기뻤던 순간을 꼽자면 그때 같아요. 한국에 와
서 오로지 야구 하나만 바라보고 살았거든요. 학교 수업도 빠지면서 훈
련했죠. 어머니도 고생이 많으신데 만약 야구로 실패하면 어쩌지 싶기
도 했어요. 근데 우선지명으로 입단이 결정된 순간 하늘을 닐 것 같더라
고요. '아, 내가 한국에 와서 성공했구나.' 하는 생각이 들었죠."

"최고의 순간이었을 거 같아요. 반대로 지금까지 살면서 가장 힘들었
던, 그래서 잊고 싶은 순간이 있다면요?"

"딱히 잊고 싶을 정도까지 나쁜 기억은 없어요. 딱 한 가지 말해야 한
다면, 아무래도 처음 한국에 왔을 때가 아닐까 싶어요. 한국의 친구들과
의사소통이 잘 안 돼 조금 어려웠거든요. 말도 말이지만, 친구들이 혹시
나 나를 이상하게 보지는 않을까, 그런 생각 때문에요. 하지만 같이 운
동하고 생활하다 보니 금세 잘 어울릴 수 있었어요."

▍하늘은 인생에 몇 번의 시련을 주는 걸까

기쁨도 잠시, 이제는 청년이 된 투수 주 권에게 또다시 시련이 닥쳤
다. 어깨 통증으로 데뷔 1년 차에 혹독한 신고식을 치른 것. 2015년
시즌에서 그는 화려한 스포트라이트를 받으며 오른 1군 자리에서 중

2016년 5월 27일 첫 완봉승 후 인터뷰하는 주 권 투수

도 하차해야 했다. 재활 훈련을 받아야 했기 때문이다.

"어깨가 왜 아플까, 혼자 연구 많이 했어요. 당시에 한 달 정도 중국 고향 집에 다녀오느라 훈련을 쉬었는데, 그것 때문이 아닐까, 생각했죠. 그러다 결론을 내렸죠. '아, 나는 공을 안 던지면 몸이 아픈 사람이구나.' 하고요.(웃음)"

작가는 쓰지 않으면 아프다, 화가는 그리지 않으면 아프다, 그리고 투수는 공을 던지지 않으면 아프다. 주 권에게 야구는 예술인 것이다.

열한 살의 조선족 소년은 이렇게 해서 한국에서 스물한 살에 성공 신화를 쓴다. 코리안 드림을 이뤄낸 것이다.

그는 팬이 많다. 특히나 자신과 같은 조선족 출신 청소년들에게는 우상일 것이다. '코리안 드림'을 꿈꾸는 중국동포 청년을 위해 한마디 청했다. 인터뷰 내내 막힘없이 답변을 이어가던 그가 이때만큼은 잠시 숨을 고른다.

"꿈을 이루려면 실천이 중요하다고 생각해요. 힘든 시기가 와도 차근차근 하던 걸 해야죠. 시련은 어차피 스스로 극복해야 하거든요. 누구의 도움에도 의지하지 않고 내 힘으로요. 그래야 또 다른 시련이 와도 버틸 수 있죠."

스물한 살 청년의 말 치곤 꽤 깊다. 어지간한 삶의 굴곡을 다 겪어낸 사람이 들려주는 것 같은 귀한 조언이다.

주 권은 2016년 제대로 날개를 펼쳤다. 하지만 그는 청년답지 않게 언제나 겸손함을 잃지 않는다.

"5승 달성, 10승 달성처럼 당장 눈앞에 보이는 목표를 내세우기보다는 꾸준하고 성실하게 훈련해 오랫동안 마운드에 서고 싶고, 앞으로도 몸이 아픈 데가 없도록 해 마음껏 공을 던지고 싶어요."

주 권은 인터뷰를 마치자마자 훈련시간에 늦으면 안 된다며 서둘러 달려 나간다. 아침나절 소나기를 호되게 맞은 그라운드의 잔디가 어느새 짙푸른 색을 되찾고 있다. ▧

김 노

조선족 2세. 60세. 중국 길림성 출생. 단편 「한심한 세상」으로 중국 장춘 소재 조선족문예지 '장백산'에서 모드모아문학상(2000)을, 같은 해 「중국 아내」로 제3회 남양주 신인문학상과 「길림댁은 등나무처럼 살고 싶다」로 동아일보 신동아 논픽션 최우수상을 각각 수상했다. 현재까지 중단편, 수필, 수기 등을 합쳐 40여 편을 창작했으며, 이 중 10편을 골라 첫 창작집을 펴냈다.

태양은 쉬어도
노예는 쉬지 못한다

김치를 담그지 못하면 한국인의 온전한 아내가 될 수 없다고 해서
정성껏 김치를 담가먹었다.

무엇보다 한국 주부들도 꺼리는 고추장과 된장까지도
나는 손수 재료를 사서 만들어 먹었다.
완전한 한국인 아내로 인정받기 위해 십여 년을 부엌에서 살다시피 했다.

– '중국 여자 한국 남자' 작가 서문에서

바람이 제법 선선하다. 가을빛이 완연한 나뭇잎들이 한가롭게 흔들린다. 인터뷰이마다 적합한 날씨가 있다면 오늘은 시인이나 소설가를 만나러 가기 좋은 날이다.

광화문 교보문고. 하늘은 높고 곳간은 넉넉해도 왠지 고적해지는 계절, 홀로 책과 벗하기 좋은 때이다. 평일임에도 어깨를 부딪칠 정도로 사람들이 북적인다. 베스트셀러부터 신간까지 빼곡히 진열된 책장의 소설 코너에 조금은 낯설어 보이는 책 한 권이 꽂혀 있다. 「중국 여자 한국 남자」. 조선족 소설가 김 노의 첫 창작집이다.

▌필명, 노예처럼 살지 말자는 역설적 의미

이 창작집에는「중국 여자 한국 남자」를 포함해 아홉 개의 단편과 동아일보 신동아 논픽션 최우수상작인「길림댁은 등나무처럼 살고 싶다」등 총 10편의 작품이 실려 있다.

언뜻 봐도 제목과 글감들이 만만치 않다. 주인과 하녀, 지하생활, 조선족, 밀항선, 경마장, 가정폭력, 불법체류…. 온통 불편한 것들뿐이다. 글감만 보면 남성 작가의 작품집 같다. 불편한 건 그것만이 아니다. 김노(金 奴). 작가의 필명이다. 좋은 이름 자 다 놔두고, 더욱이 외자인 이름에 노비 '奴' 자를 쓰다니. 무슨 이유일까. 그녀에 대한 모든 게 궁금했다.

"재한 중국동포는 한국에도, 중국에도 속하지 못한 채 '이도 저도 아닌 삶'을 살고 있어요. 밑바닥에서도 희망의 끈을 찾아 헤매는 중국동포의 실상을 적나라하게 보여주고 싶었죠."

김 작가는「중국 여자 한국 남자」의 집필 배경을 이렇게 털어놓는다.

작가가 서문에서도 밝혔듯, 이 책은 할아버지 할머니의 나라인 한국 땅에서 이방인으로, 경계인으로, 때론 범죄자 취급을 받으면서도 고군분투 살아가는 조선족 동포들의 고통의 기록이다.

스피노자는 말했다. 감정, 고통스러운 감정은 우리가 그것을 명확하고 확실하게 묘사하는 바로 그 순간에 고통이기를 멈춘다고. 김 작가는 바로 이 점을 정확히 꿰뚫은 게 아닐까. 작가 스스로도 자신의 필명을 '노예'에서 따온 것은 '구속에 얽매였던 과거를 잊지 않음으로써 스스로 자유를 지키겠다는 다짐'이라고 고백한다.

▌ 글을 쓰지 않으면 죽을 거 같았다

국내에서 소설가나 시인으로 활동 중인 중국동포가 제법 있다. 하지만 김 작가처럼 오롯이 소설집 한 권을 펴낸 작가는 드물다. 중국과 비교하면 한국에서는 말도, 글도, 삶도 너무나 다르기 때문이다.

그녀는 중국에서 조선족 4대 문학지 중 하나인 '도라지'로 등단한 뒤 꾸준히 작가로서의 경력을 쌓았다. 하지만 한국에 와서는 식당 설거지, 육아 도우미 등을 전전하며 그저 '중국 아줌마' '조선족 아줌마'로 불리며 살았다. 그 와중에도 그녀는 글을 놓지 않았다. 고단한 몸을 간신히 붙들고 밤새 원고지를 채워갔다. '글을 쓰지 않으면 죽을 것 같아서'였다. 고달픈 일상에서 그나마 그녀를 삶에 붙들어 놓는 이유요, 생명줄이었다.

니체는 말했다. 글을 쓰려거든 피로써 쓰라고. 그렇게 밤마다 피로써 고통과 응어리를 풀어낸 것들이 소설이 되고 시가 되고 수필이 되었다.

"한(恨)이 많았죠. 재혼한 남편과의 결혼 생활도 힘들었고…. 응어리를 풀어내는 유일한 통로가 글쓰기였어요. 제 얘기, 주변 중국동포들의 얘기를 엮어 실화에 가까운 소설을 썼죠. 작은 상도 몇 번 받았고요. 소설가로 성공했다고 말하기엔 아직 이르지만 글쟁이로서 최선을 다했다고는 생각합니다."

▌ 현실은 소설보다 훨씬 비참

그렇게 쓴 중·단편소설과 수필이 모두 40여 편. 이 가운데 단편 9편을 추려 펴낸 첫 소설집이 「중국 여자 한국 남자」다.

이 소설집에 실린 단편들은 르포에 가깝다. '코리안 드림'을 품고 한국에 왔지만 음지에 내몰려 위험하고, 더럽고, 힘든 일을 떠맡는 중국동포들의 필사의 생존기가 한편의 다큐멘터리처럼 펼쳐진다.

김 작가는 단편 하나를 쓰는 데 많은 공을 들인다. 「밀항자」는 중국에서 밀항선을 타고 오다 집단 성폭행에 노출된 조선족 여성의 비극을 추적한 단편인데, 이를 완성하기까지 작가는 며칠에 걸쳐 인천 항구를 샅샅이 뒤지고, 번번이 문전박대를 당하면서도 목격자를 찾아다녔다고 한다.

"밀항선에서 벌어지는 참상은 알려진 것보다 훨씬 심각해요. 동포들도 워낙 쉬쉬하는 얘기라 목격담을 취재하느라 애를 먹었죠. 극적 장치를 더하긴 했지만 소설과 현실이 크게 다르지 않아요. 가끔은 소설보다 현실이 훨씬 비참해서 글로 옮길 때 표현을 순화하기도 해요."

「가자! 경마장으로」도 마찬가지다. 주인공 영호는 불법체류자 신세로 공사판에서 피땀 흘려 번 돈을 한순간에 탕진해 버린다. 작가는 도박성 게임에 빠진 중국동포의 심리 상태를 '리얼'하게 그리고 싶어서 과천 경마장을 찾아가 실제로 돈을 걸어봤단다.

▌고통에의 천착, 동포들의 실상 알리기 위한 것

하고 많은 소재들을 놔두고, 굳이 중국동포의 '고통스러운 기록'에 몰두하는 이유가 무엇인지 궁금했다.

"음지의 얘기를 양지로 드러내야 한다고 생각했어요. 한국에 살고 있고, 살고 싶어 하는 중국동포가 점점 많아지겠죠. 제 독자 중에는 중국동포와 한국인이 골고루 있었으면 해요. 중국동포를 둘러싸고 무슨 일이 일어나는지 서로 알아야 하니까요. 다만 제 글을 읽고 어떤 점을 느낄지는 독자의 몫이겠죠. 중국동포를 향한 경계심이 생길 수도 있고, 반대로 이해심이 커질 수도 있다고 봐요."

작가는 1995년 한국일보 여성생활수기 우수상, 2000년 경기도 남양주 신인문학상, 같은 해 동아일보 신동아 논픽션 최우수상 등을 받았다. 그다지 화려한 수상 경력은 아니지만 조선족 출신임에도 우리말 표현을 자연스럽게 구사해 내국인 문인들과 동등하게 실력을 겨뤘다는 점에서 후한 평가를 받았다.

"오래전 고(故) 박완서 선생님께서 심사위원으로 제 글을 보시고는 '숨을 데가 없는 중국동포의 삶을 잘 표현했다'고 말씀해 주셨죠. 중국동포인데도 우리말 문장을 자연스럽게 썼다는 평가도 해주셨고요."

김 작가의 소설이 논픽션에 가까울 정도로 사실적이어서 문학적 감동을 끌어내기엔 아직 부족하다는 지적도 있다. 문학 평론가 이시환 씨의 평가다.

"김 작가의 작품은 대개 독자의 상상력을 자극하거나 흥미 내지는 재미를 크게 유발하지는 못합니다. 그러나 인간 부조리와 사회 불합리를 간접 비판하고, 약자의 삶을 조용하게 폭로해 인간 존재 양식에 대해 새삼 심각하게 생각하게 합니다."

김 작가는 올해 환갑을 맞았다.

"앞으로 특별한 계획이 있으신가요?"

"글 쓰는 사람으로서 꾸준히 활동하고 싶은 바람뿐입니다."

"작가가 꿈인 조선족 청소년들도 적지 않을 거 같은데, 조언 한마디

김 노 작가는 24년 전 교보문고 책들에 압도당해 한국 체류를 결심했다

해주시죠?"

"그럴 만한 입장인지 모르겠어요. 다만, 글을 좋아하는 인생 선배로서 자신이 원하는 게 무언지 내면의 목소리를 잘 들어보라고 말해주고 싶어요."

인터뷰를 마치고도 작가는 서점에 남아 한동안 책장 사이를 거닐었다. 알고 보니 인터뷰 장소를 광화문 교보문고로 정한 데에도 그녀만의 이유가 있었다. 24년 전 교보문고에 처음 왔던 날 한국에서 살아야겠다고 결심을 했다는 것.

"그토록 많은 책에 둘러싸인 저은 처음이었죠. 한참을 발걸음을 떼지 못할 정도로 압도당했어요. 실컷 책을 읽고 쓸 수 있겠다는 생각에 어떻게든 한국에 체류하기로 마음먹었죠. 먼 길을 돌아오긴 했지만 24년 만에 제 책이 여기 꼽힌 것을 보니 뭉클합니다."

멀어지는 그녀의 뒷모습에서 다시 스피노자의 말이 떠오른다.

'감정, 고통스러운 감정은 우리가 그것을 명확하고 확실하게 묘사하는 바로 그 순간에 고통이기를 멈춘다.'

주석용

조선족 3세. 36세. 중국 연변 출생. 연변대학 예술학과에서 아코디언 전공. 고등학교 때 중국
아코디언 전국대회에서 두 차례 대상을 받았으며, 2002년 북경세계클래식아코디언콩쿠르
에서 은상, 2005년 동남아시아아코디언콩쿠르에서 최우수상을 각각 수상했다. 2005년부터
한국에서 연주회와 강습 등을 통해 아코디언 확산에 앞장서고 있다.

아코디언 전도사의
남다른 한국사랑

"

큰 무대에서 찬사를 받는

최고의 연주가가 되는 것만이 목표였는데 한국에 와서 생각이 바뀌었죠.

그냥 무대 자체를 즐길 수 있게 됐고 더불어 사는 삶에 대해서도 배웠어요.

관객에게 즐거움을 선사하기 위해 가요나 재즈도 연주하게 됐고

공연 사례비를 자선단체에 기부하는 일도 늘었죠.

주변에서는 중국에 있을 때보다 제 음악의 빛깔이 더 다채로워졌다고 해요.

"

흔히 손풍금으로 불리는 아코디언. 풍금과 더불어 이제는 흑백영화에서나 볼 법한, 추억의 소품으로 치부되는 악기다. 더욱이 국내에서는 시골 장터나 카바레 등에서 자주 연주되다 보니, 딴따라 악기로 폄훼되는 경향도 다분하다.

그러나 외국에서는 '원맨 교향악단'으로 불릴 정도로 클래식 분야에서 독보적인 역할을 하는 악기다. 연주 분야도 재즈나 탱고 등 매우 다양하다.

이 아코디언을 지독히 사랑하는 청년이 있다. 클래식 아코디언의 연주에서 새로운 지평을 열었다는 평가를 받는 조선족 출신 주석용 씨가 그 주인공이다.

그는 국내 연주가 중에 유일하게 오케스트라와 협연을 할 정도로 클래식 아코디언 분야에서 독보적인 연주가로 정평이 나 있다.

부천의 연습실에서 석용 씨를 만났다. 그는 인터뷰를 하기 앞서 필자에게 귀에 익은 클래식 한 곡을 들려준다. 연주곡은 파블로 사라사테의 '치고이너바이젠'.

애잔하면서도 격정적인 멜로디가 일에 지쳐 강퍅해진 필자의 가슴을 훑는다. 바이올린 애호가들의 사랑을 받는 곡인데, 전혀 어울릴 것 같지 않은 아코디언의 연주로도 감동이 뒤지지 않는다.

특별한 독주가 끝나고, 일인 관객은 예상치 못한 울림에 절로 기립박수를 친다. 대체 이런 멋진 소리를 내는 악기가 왜 클래식 연주에서 외면받는 걸까.

"아코디언은 풍금처럼 공기를 불어넣어 코드와 건반을 통해 연주해요. 모든 악기의 소리를 낼 수 있다 보니 역설적으로 오케스트라에 편성되지 않게 된 거죠. 그런데도 독주와 협주 등 클래식 연주곡이 피아노곡처럼 많은 게 아코디언이지요."

유럽에서는 일찍부터 클래식, 현대음악, 팝 등 장르 구분 없이 대중적 인기를 누려온 아코디언. 국내에선 한동안 잊힌 듯했던 이 악기가 최근 다시 붐을 일으키고 있다고 한다.

"바이올린, 첼로, 피아노를 거쳐 얼마 전까지는 색소폰이 인기였는데 지금은 아코디언이 대세입니다. 최근 몇 년 사이에 급속도로 퍼지고 있어서 지방 중소도시마다 아코디언 동호회가 만들어지고 있죠. 우리 정서에 맞는 감성 악기라서 중장년과 노년층을 중심으로 배우는 사람이 늘어나 동호인만 어림잡아 1만여 명에 이를 정도입니다."

▌아코디언 본고장 독일 유학 포기하고 한국행

석용 씨는 어떻게 해서 클래식 아코디언의 대가가 되었을까.

그가 처음 아코디언을 접한 건 초등학교 1학년 음악시간. 한국보다 아코디언이 많이 보급돼 있고, 세계적인 연주가도 배출하고 있는 중국에서는 사범대생에게 아코디언을 가르친다고 한다. 초등학교의 경우 피아노나 풍금 대신 반주 악기로 아코디언을 쓸 정도란다. 자연히 전공을 개설한 대학도 많고 관련 콩쿠르도 종종 열릴 만큼 인기가 있다고.

초등학교 때 아코디언을 접한 이후 손에 달고 살았다는 석용 씨는 수시로 전문 연주가를 찾아다니며 배움을 청한 끝에 고교 시절 이미 '차세대 아코디언 연주가'의 반열에 오른다. 고교에 이어 대학 시절에도 국제대회에서 입상하면서 악단 입단 제의를 받는다.

하지만 석용 씨는 좀 더 큰 무대에 도전하기 위해 아코디언의 본고장으로 불리는 독일 유학을 준비한다. 그러던 중 2005년 국제콩쿠르에서 최우수상을 받게 돼 KBS의 방송 프로그램인 '예술극장'에 출연할 기회가 생긴다. 이어 고양시 어울림누리극장과 서울시 서초구민회관에서 독주회를 열게 되면서 행선지가 독일에서 한국으로 바뀌게 된다.

▌한국생활, 정체성 해결하고 음악 세계 넓혀

당시 한국에서 아코디언은 인기 있는 악기가 아니었고 공연 기회도 많지 않았다. 그런데도 주저 없이 한국에 남게 된 특별한 이유라도 있는 걸까.

"확실히 당시 한국은 아코디언에 대한 인식이 낮았어요. 하지만 클래식에 대한 한국 관객의 수준은 무척 높더군요. 더욱이 여러 악기와의 합주나 오케스트라와의 협연 등 다양한 음악적 시도를 하는 개방된 문화는 충격이었죠. 클래식에만 매달려온 제 음악의 세계를 넓힐 기회다 싶었어요."

당시 석용 씨의 뒷바라지를 위해 한국으로 건너와 일하던 아버지의 격려도 그가 한국행을 결정하는 데 한몫했다.

아버지는 그때 "조선족으로서 한민족의 문화와 예술을 본격적으로 접해보는 게 정체성에도 도움이 될 것"이라고 하셨다.

이후 그는 한국에서 적극적으로 연주활동에 나섰다. 예술의전당, 세종문화회관, 남산 예술극장 등에서 독주 및 오케스트라와 협연하고, 지방 순회공연도 다녔다.

아코디언을 알릴 수 있는 곳이라면 몸을 사리지 않았던 것. 덕분에 지금까지 수백 회의 크고 작은 무대에 섰다. 시장통이나 공터에서 약장수가 부는 것 정도로 알고 있는 아코디언의 참 매력을 전하고 싶어서였다.

"큰 무대에서 찬사를 받는 최고의 연주가가 되는 것만이 목표였는데 한국에 와서 생각이 바뀌었죠. 그냥 무대 자체를 즐길 수 있게 됐고 더불어 사는 삶에 대해서도 배웠어요. 관객에게 즐거움을 선사하기 위해 가요나 재즈도 연주하게 됐고 공연 사례비를 자선단체에 기부하는 일도 늘었죠. 주변에서는 중국에 있을 때보다 제 음악의 빛깔이 더 다채로워졌다고 해요."

"독일로 가지 않고 한국으로 왔는데, 독일 유학에 대한 미련은 없나요?"

"독일서 공부했다면 중국으로 돌아와 악단의 수석이 되거나 대학교수가 됐겠죠. 외면적인 성공으로 치면 그쪽이 더 화려하겠지만, 후회 없어요. 덕분에 정체성도 확실해졌고 음악적인 성취도 다양해졌으니까요.”

▮ 가르친 제자만 500명, 세계적 연주가 키우는 게 목표

꾸준히 후학 양성에도 힘써, 그가 가르친 제자만도 500여 명에 이른다. 대한민국 아코디언콩쿠르의 학생부와 일반부에서 상위 입상자를 매년 배출하고 있으며, 2014년부터 대구TBC 방송이 주최해 온 생활음악 경연대회서는 아코디언 부문 3회 연속 대상을 휩쓸기도 했다.

2015년에는 제자들에게 더 많은 연주 기회를 만들어 주려고 9명의 아코디어니스트로 구성된 ‘호연 앙상블’ 연주단도 만들었다. 이 연주단은 2016년 봄 안동과 대구에서 열린 자신의 공연에 합주자로 참여했다.

석용 씨의 꿈은 후학 양성에 더욱 힘써 세계클래식아코디언콩쿠르에서 한국인 입상자를 키워내는 일이라고 한다. 세계대회는 70여 개국에서 연주가들이 도전하는 꿈의 무대로, 아직 한국인 참가자가 없단다. 하지만 최근의 붐에 힘입어 경희대와 중앙대 실용음악과에 아코디언 전공이 생기는 등 저변이 점점 넓어지고 있어서 전망은 밝다고.

피아노나 바이올린처럼 세계무대에서 활약하는 한국인 아코디어니스트가 나올 때까지 미력하나마 힘을 보태고 싶다는 그의 말에서 한국에 대한 사랑이 물씬 묻어난다. 천상 한국인이다. ▮

최헌기

조선족 2세. 55세. 중국 길림성 안도현 출신. 연변대 미술학과 졸업, 북경 중앙미술학원 석사, 재외동포재단 초청 장학생으로 홍익대학원에서 미술 석사. 연변미술대전 대상. 조선족 최초로 중국국립미술관 초대전을, 중국과 한국에서 10여 차례 개인전을 열었다. 중국국립미술관, 서울·부산 시립미술관, 성곡미술관 등이 그의 작품을 소장하고 있다.

'뼈저린' 조선족이 영감의 원천

양쪽 어디에도 속하지 못하는 경계인의 삶이 예술에서는
창작의 영감을 불어넣는 큰 힘이 됩니다.
조선족이라는 정체성을 피하지 말고
긍정적으로 받아들여서 자신감을 가지면 무엇이든 될 수 있어요.

어느 해 봄, 성곡미술관에서 '얼굴 없는 자화상'이라는 이색 전시회가 열렸다. 자화상이라면 자신의 얼굴을 그린 그림인데, 작품 어디에도 작가의 얼굴은 없다. 대신 흐릿하게 형태가 일그러진 한국과 중국, 북한의 국기가 보였다. 그리고 그 위로 관람객들의 서명이 춤을 추듯 어지럽다.

이 특별한 전시회의 주인공은 현대미술 작가 최헌기 씨. 얼굴 없는 자화상은 중국에서 소수민족으로 태어나, 중국과 한국의 경계인으로 살아온 작가의 정체성이 극명하게 드러나는 작품이다. 먼저, 작가의 변을 들어보자.

"중국 내에서는 소수민족으로 살아왔고 모국에서도 이방인 취급을 받아온 삶이 제 작품의 근간이라고 할 수 있죠. 기존의 상식과 질서에서 탈피해 새로움을 모색하는 시도를 꾸준히 해왔어요."

▮ 조선족 화가 전동수에게 미술 기초 배우며 화가의 꿈 키워

중국 길림성 안도현의 백두산 자락 오지마을 출신인 그가 그림과 인연을 맺은 건 초등학교 때. 문화대혁명의 여파로 대학교수 자리에서 쫓겨나 시골마을로 부임한 조선족 화가 전동수와 인연을 맺으면서부터다.

전 작가는 이 산골 소년의 미술적 재능이 남다르다는 것을 눈여겨봤고, 그에게 소묘와 크로키, 해부학 등 미술의 기초를 가르쳐주었다. 그때부터 조심스레 화가의 꿈을 키운 소년은 1982년 연변대 미술학과에 입학하면서 본격적으로 화가의 길로 들어선다.

그는 대학 시절 이미 기성작가들이 참여하는 연변미술대전에서 대상을 받으며 두각을 나타낸다. 그리고 졸업 후에는 중학교에서 미술교사로 재직하면서 중국예총 산하 화가로도 활동한다.

▮ 조선족 최초로 중국국립미술관 초대전

후학을 양성하면서 작품 활동을 병행했지만 그는 여전히 창작에의 갈증을 느꼈다. 그러던 차, 그의 나이 스물아홉, 조금 늦은 감은 있지만, 현대미술을 본격적으로 배워야겠다는 생각에 중국 최고 권위의 미술대학인 북경중앙미술학원 석사과정에 입학한다. 그때부터 그는 주류 미술계로부터 주목을 받기 시작했다. 2년 뒤 졸업과 동시에 중국국립미술관에서 열린 초대전은 당시 미술계에 엄청난 화제를 불러일으켰다.

"보수적인 국립미술관이 30대 초반의 신예 작가를 위해 초대전을 열어준 것 자체가 파격이었죠. 조선족 화가가 초대된 것도 처음이었고요. 더욱이 난해하다는 현대미술로 인정을 받은 거라서 큰 힘이 됐죠."

■ 첫 한국 입국 때 간첩 취급, '뼈저린' 조선족

한국과의 인연은 북경에서 유학했던 한국인 화가의 초청으로 1997년 한국 땅을 밟으면서부터다. 한국과의 첫 만남은 그러나 유쾌하지 않았다. 아니, 매우 불쾌했다.

입국 심사에서 최 작가는 간첩으로 오해를 받아 엄격한 신원조회를 거쳐야 했기 때문이다. 그때 최 작가는 처음으로 중국과 한국에서 경계인 취급을 받는 조선족의 서글픈 현실을 실감했다. 작가는 작품으로 말하기에, 그때의 충격과 서글픔은 이후 작품들에 오롯이 스미고 배어들게 된다.

■ 경계인의 삶이 되레 영감 불어넣는 힘

최 작가는 회화, 조각, 설치미술 등 여러 방면에서 작품 활동을 벌이고 있다. 중국과 한국에서 10여 차례 개인전을 열었고, 부산과 광주의 비엔날레에도 참가했다.

2002년에는 재외동포재단초청 장학생으로 선발돼 홍익대학원에서 미술 석사과정을 밟았다. 그 이후로는 양국을 오가며 작품 활동을 해오다 2015년부터는 아예 거주지를 한국으로 옮겼다.

2015년 3월 서울 성곡미술관이 그의 대표작인 '자화상 시리즈'와 초

중국 항주에서 개최된 G20 정상회의 회담장에 걸려있는 최헌기 작가의 작품 '광초 100호'

서(草書)를 근간으로 했다는 '광초(狂草) 기법'의 작품을 전시해 주목을 받았다. 2016년 9월에는 중국 항주에서 열린 'G20 정상회의' 회담장에 최 작가가 그린 '광초 100호'가 내걸렸다. 이후 회담장은 'G20 기념관'으로 지정됐고, '광초 100호'도 상설 전시되고 있다. 이 정도 유명세면 작품가도 상당할 거 같다.

"사실 작품을 거의 팔지 않아 제 작품이 얼마에 팔리는지 잘 몰라요. 다만 6년 전에 중국인 미술 애호가가 2억 원에 한 작품을 구매해 간 적은 있어요."

▎강원도 양양에 '중국 예술인 마을' 추진

요즘 최 작가를 만나려면 양양에 가야 한다. 난데없이 왜 양양일까. 그곳에 그가 주도적으로 참여하고 있는 '중국 예술인 마을'이 조성되고 있기 때문이다.

강원도 양양군 강현면에 세워지는 이 중국 예술인 마을은 중국 현대미술을 이끄는 중견작가 10여 명이 참여한다. 3만3천㎡의 대지에 개인 작업실, 조각공원, 아트호텔, 전시관 등이 들어선다.

북경의 중국국립미술관, 서울·부산 시립미술관, 성곡미술관 등이 그의 작품을 소장하고 있다는 사실만으로도 이런 거대 플랜을 추진하는 그의 내공은 충분히 확인된다.

한국 작가의 중국 진출을 돕거나 중국 작가의 한국 전시에도 힘을 써온 최 작가는 중국 예술인 마을에 대한 포부를 이렇게 밝힌다.

"하나의 작품을 만든다는 심정으로 중국 예술인 마을 조성에 심혈을 쏟고 있지요. 창작 활동과 전시 등을 통해 양국 미술계가 활발히 교류하는 대표적 공간으로 만들려고 합니다."

2015년 대지를 매입했고, 양양군은 진입도로 확장·포장과 각종 인허가 승인 등 행정 절차를 지원했다. 현재 설계도가 마무리 단계로 곧 본격적으로 건물 공사를 시작해 2017년 말에 완공할 예정이다. 100억 원 규모의 공사로 10명이 절반을 모았고, 아트호텔 건축회사가 나머지를 부담한다고.

"입주 작가들은 주로 어떤 분들인가요?"

"1차로 입주하겠다는 작가들은 중국 미술계를 대표하는 북경중앙미술학원, 천진미술대, 노신미술대 교수로 국제무대에서 활약하는 인사들입니다. 이들의 창작 활동과 작품을 보기 위해 찾아오는 중국 관광객만으로도 마을 내 호텔을 유지할 수 있을 겁니다."

"일반인에게 개방하는 마을이라면 접근성도 중요한데, 도시가 아닌 강원도 산골에 조성하는 이유가 궁금합니다."

"마음이 맞는 예술가들이 한곳에 모일 수 있다는 것만으로도 서로에게 자극과 격려가 됩니다. 전국을 돌며 후보지를 물색했는데 양양에는 중국 불교문화의 영향으로 세워진 낙산사라는 사찰도 있어서 마음에 들었어요. 고대에는 불교가 전해졌다면 이번에는 중국 미술이 알려질 차례라는 생각이 들었지요."

1차 공사가 마무리되면 대지를 더 매입해 중국 작가의 입주를 늘릴

강원도 양양에 조성 중인 '중국 예술인 마을' 조감도

거라고 최 작가는 말한다.

현재 최 작가는 그곳 근처에 임시 숙소를 짓고 창작 활동을 하고 있다. 그러면서 중국 작가의 한국 전시를 주선하기 위해 종종 서울 나들이도 한다. 북경 유학 시절부터 양국 미술 교류에 앞장서 온 덕분에 그는 미술계 마당발로 통한다.

"문화예술 분야에서 조선족이라는 건 아무런 장애가 되지 않아요. 중요한 건 실력이죠. 개혁개방 이후 경제적으로 성공한 조선족이 많이 나오고 있는데 이제는 예술 분야로의 도전도 늘어나야 한다고 생각합니다."

최 작가는 잊지 않고 조선족 후배들에게도 분발을 촉구한다.

"양쪽 어디에도 속하지 못하는 경계인의 삶이 예술에서는 창작의 영감을 불어넣는 큰 힘이 됩니다. 조선족이라는 정체성을 피하지 말고 긍정적으로 받아들여서 자신감을 가지면 무엇이든 될 수 있어요." ▮

노성해

조선족 3세. 45세. 중국 길림성 류하현 삼원보에서 나고 자랐다. 상해체육학원에서 스포츠뉴스를
전공한 후 바둑 전문 프로덕션을 거쳐 2000년 CCTV에 PD로 입사했다. 2012년부터 1년간
서울외신기자클럽 부회장을 맡았다.

애증의 한국,
내가 아니면 누가 지키랴

"
몇 해 전 KBS TV '개그콘서트'에 조선족 사투리를 흉내 내는 코너가 있었죠.
아무리 웃고 넘기는 프로그램이고 보이스피싱의 위험성을 알려주려는 공익적 취지가
있다 해도 정말 잘못된 겁니다. 이를 보는 조선족들의 마음이 어떨지 생각해야죠.
동포가 동포를 포용하지 못하고 차별하면
외국인들과는 어떻게 어울려 살아갈 수 있겠습니까?
"

서울 여의도 KBS 신관 7층. 엘리베이터에서 내려 편성마케팅국과
1·2TV사업국 사무실을 지나면 왼편에 '中國中央電視台(중국중앙전시대)
China Central Television'이라고 쓰인 조그만 간판이 보인다. 이곳이
바로 24개의 TV 채널을 보유하고 2만 명의 직원을 거느린 세계 최대 방
송사 CCTV의 서울지국이다. 조선족 성공스토리에 초대된 노성해 씨가
근무하는 곳이기도 하다.

노 지국장은 2010년 서
울지국이 문을 열 때부터
지금까지 9년째 이곳을 지
키며 다른 나라 주요 언론
사의 서울특파원처럼 가
장 바쁜 시간을 보내고 있

다. 2016년 터진 박근혜 전 대통령의 스캔들과 관련한 촛불집회, 이후 2017년까지 이어지는 대통령직 파면 등 굵직굵직한 뉴스들이 본국에서도 핫뉴스로 다뤄지고 있기 때문이다.

▌부임 후 9년째, 요즘 가장 바쁜 나날

노 지국장은 만족(만주족) 출신의 탕신 특파원과 함께 광화문 등지를 돌며 영상을 제작해 송출하고 있다. 한창 바쁠 때는 일본 도쿄와 태국 방콕 등 인근 CCTV 지국의 특파원들도 돌아가며 서울에 지원 취재를 나온다고 한다. 그는 박 전 대통령 파면과 관련한 일련의 사태를 지켜보면서 한국을 다시 보게 됐다고 털어놓았다.

"국내 뉴스를 90% 이상 다루는 한국의 방송사들과 달리 CCTV는 뉴스 프로그램 가운데 절반이 국제뉴스입니다. 그중에서도 한반도 뉴스는 비중이 큰 편인데, 특히 요즘에는 한국 뉴스가 앞자리를 차지하는 경우가 잦습니다. 이해할 수 없는 의혹이 연일 터져 나와 저도 안타깝지만 촛불집회의 경우 그 많은 인파가 모였는데도 매번 충돌 없이 집회와 행진이 마무리돼 대단하다고 생각하고 있습니다. 언론과 검찰이 나서서 권력자의 비리를 밝혀내는 모습은 아마 중국에도 영향을 미칠 수 있으리라 봅니다."

중국 국적의 한국 동포이자 중국 국영 언론의 한국 특파원으로서 그가 양국을 바라보는 마음은 남다를 수밖에 없다. 박근혜 전 대통령을 보며 느꼈던 복잡한 심경을 그는 이렇게 내비쳤다.

"중국인들은 취임 전부터 박 전 대통령에게 깊은 호감을 표시해 왔습니다. 자서전 「절망은 나를 단련시키고 희망은 나를 움직인다」에서 중국 철학자 펑유란(馮友蘭)에 심취했다고 말하고, 마음속 첫사랑 상대가 삼국 지의 조자룡이라고 했으니까요. 2015년 중국 전승 70주년 열병식에 참 석한 것도 고맙게 여겨 2016년 여름 전까지만 해도 중국에서 박 전 대 통령의 인기가 매우 높았죠. 그런데 그 뒤로 자꾸 실망스러운 모습을 보 여주다 보니 중국동포들도 크게 실망했죠.”

▌서울지국 지원자 모집에 선뜻 자원

노 지국장은 중국 길림성 류하현 삼원보에서 나고 자란 조선족 3세 다. 할아버지가 황해도 출신이다. 농민인 아버지는 젊은 시절 교사 생활 을 했고, 사업에도 손을 댔다가 비교적 이른 나이에 세상을 떠났다. 홀 로 된 어머니는 동생과 함께 북경에 살고 있다.

삼원보 인근 매하구에서 고등학교를 마친 그는 우리의 체육대학 격인 상해체육학원에 진학해 스포츠뉴스를 전공했다. 졸업 후엔 상해와 북경 에서 영업사원 등으로 일하다가 프로기사 녜웨이핑이 운영하는 바둑 전 문 프로덕션을 거쳐 2000년 CCTV에 PD로 입사했다.

“스포츠뉴스를 전공하긴 했지만 처음부터 바둑 PD를 할 생각도 없었 고, CCTV에 입사하겠다고 마음먹은 것도 아니었죠. 제 바둑 실력도 한 국으로 치면 3급 정도밖에 안 되거든요. 2003년부터는 골프 프로그램 도 맡았죠. 바둑과 골프 취재 때문에 한국에도 여러 차례 들렀습니다. 우린 한국처럼 기자와 PD의 경계가 명확하지 않아요.”

“한국의 프로기사와 프로골퍼 중에서 좋아하는 사람이 있나요?”

"그럼요. 프로기사는 이창호를 가장 좋아합니다. 바둑 실력도 뛰어나지만 그에게선 일인자다운 품격이 느껴지거든요. 프로골퍼 중에서는 김하늘, 박인비, 전인지 등을 좋아합니다."

좋아하는 선수들을 물으니 시종 즐거운 표정을 짓더니, 서울에 부임하기 전 한국에 들러 느꼈던 인상에 대한 질문에는 갑자기 낯빛이 어두워진다.

"2003년 재외동포재단이 주최한 '재외동포 차세대 지도자 워크숍'에 참석했습니다. 함께 들어온 한 동료가 공항 입국심사대에서 까다로운 질문을 받다가 사무실까지 들어가 한참을 조사받다 나왔죠. '정부 산하기관의 공식 초청을 받은 우리도 저렇게 푸대접을 받는데, 한국말도 제대로 못하는 중국동포들은 얼마나 무시당할까.'라는 생각이 들더군요. 제주도에 갔을 때도 공항에 내리자 다른 외국인은 한국인과 함께 들어가는데, 중국 국적인 우리만 따로 줄을 서라고 해서 상처받았습니다. 그때 박관용 국회의장과의 면담 시간에 제가 항의 섞인 질문을 던지기도 했죠."

미우나 고우나, 그래도 그에게 한국은 조상이 누대에 걸쳐 살았던 모국이다. 회사에서 서울지국을 개설한다며 지원자를 모집하자 좋은 기회라고 여기기도 했고, '내가 아니면 누가 가겠는가.'라는 생각에 자원했다고 한다.

"2010년 4월 서울로 부임한 이래 설에 한 번도 고향에 못 가봤어요. 힘은 들어도 보람을 느낍니다. f(x)의 빅토리아, 미쓰에이의 페이와 지아 등 인기 걸그룹의 중국인 멤버를 내세워 서울 경복궁과 안동 하회마을 등지에서 설 특집 프로그램을 제작해 중국 전역에 방송되도록 했죠. 코엑스 앞에서 싸이가 강남스타일을 부르는 광경도 찍어 보냈습니다. 중국의 한류 붐 조성에 저도 일익을 담당한 셈이죠."

▮ 북경 본가 가면 이제 손님처럼 어색해

노 지국장은 2012년부터 1년간 서울외신기자클럽의 부회장으로 활동하며 한국 주재 외국 언론사 특파원들의 권익 옹호와 친목 도모에도 나섰다. 또한 한중관계 포럼 등에서 발표하며 한중 상호 이해에 일조하기도 했다. 바빠서 자주 함께하지는 못하지만 재한 중국동포 모임에도 가끔 얼굴을 내민다.

"이제는 어머니가 계시는 북경에 가면 손님처럼 어색한 기분이 들어요. 반면 여의도 집에 오면 편안하죠. 이제 저도 서울 사람이 다 된 건가요?(웃음)

서울특파원 3년 임기를 두 차례 마친 뒤 세 번째 연장 신청을 해놓고 대기 중입니다. 본사의 귀임 발령이 나면 들어가야 하는데 초등학교 3학년인 아들이 중국에 가기 싫다고 해서 걱정입니다. 아들은 중국말도 잘하지 못하고 거기에 가면 친구도 없거든요."

"아이 학부모들과도 종종 어울리시나요?"

"아빠의 역할도 중요한데 바쁘기도 하고, 다른 아이 부모와 잘 어울리질 못해요. 전업주부인 아내가 어린이집, 유치원 모임 등에 자주 나가려고 노력은 하는데 잘 안 됩니다."

"아이를 키우는 입장이고 보면, 중국에 있는 동포 청소년들에게 해주고 싶은 말이 있을 거 같습니다."

"우선 한국어를 제대로 배워야 해요. 중국에서 배운 조선어와는 많이 다르니까요. 더욱이 한국에 와서 살려면 언어 적응이 가장 중요하다고 생각합니다."

▌조선족 사투리 흉내 낸 '개그콘서트' 해도 너무해

중국동포를 대하는 태도와 관련해 모국 동포들에게 하고 싶은 말이 없는지 묻자 먼저 언론의 책임을 강조한다.

"몇 해 전 KBS TV '개그콘서트'에 조선족 사투리를 흉내 내는 코너가 있었죠. 아무리 웃고 넘기는 프로그램이고 보이스피싱의 위험성을 알려주려는 공익적 취지가 있었다 해도 정말 잘못된 겁니다. 이를 보는 조선족들의 마음이 어떨지 생각해야죠. 강력범죄가 일어날 때도 피의자의 출신국을 강조하면 잘못된 편견을 부추기는 겁니다. 동포가 동포를 포용하지 못하고 차별하면 외국인들과는 어떻게 어울려 살아갈 수 있겠습니까?"

언론인치고 푸근한 인상이지만, 중국동포들의 처우와 차별에 대해 이야기가 나올 때는 억양에 힘이 실렸다.

그는 중국동포들이 비록 저임금 단순노동에 종사하는 사람이 많다고 해도 인격적으로 낮잡아 보면 안 된다고 강조했다. 그들은 누군가가 해야 하는 일을 대신하고 있으며, 한국을 찾는 중국 관광객을 상대로 식당이나 상점 등에서 통역을 해주는 등 한국 경제에 기여하는 역할이 작지 않다는 점도 상기시켰다.

"한국에 들어와 있는 중국동포들도 이곳의 법과 제도를 잘 지켜야 해요. 택시를 타고 대림동 같은 데 가자고 하면 기사들이 꺼려요. 싸움이나 시비 등 소란이 잦기 때문이겠지요. 우리가 더 조심해야 합니다."

노 지국장은 한국에 와서 살고 있는 중국동포들에게도 당부의 말을 잊지 않았다. ▇▌

3부

오너는 부업
봉사가 본업

이주여성의 맏언니, 생각나무 BB센터 대표 **안순화**

'선천성 퍼주기 바이러스' 선영식품 대표 **신선영**

한의와 중의 통달 한의사 **노현숙**

중도 입국 청소년 '대모' **문 민**

여성 1호 출입국 전문 행정사 **이미옥**

서울시 명예부시장 지낸 여성학 박사 **이해응**

조선족 네트워크의 허브 **김용선**

조선족 법률도우미로 종횡무진 **조은정**

안순화

조선족 3세. 51세. 중국 하얼빈에서 나고 자랐다. 2003년에 한국에 왔다. 여성가족부 산하 이주여성긴급지원센터에서 중국어 통번역 상담을 시작으로 이주여성의 권익과 복지를 위한 활동에 활발히 참여하고 있다. 이주여성극단인 샐러드극단 단장, 여성가족부 다문화가족위원회 위원, 서울시외국인주민대표자회의 인권문화다양성분과 위원장을 거쳐 현재는 이주여성 지원센터인 '생각나무 BB센터'의 상임대표와 비비 아카데미이중언어 및 문화협동조합의 감사를 맡고 있다.

이주여성을 도우라,
하늘이 내린 맏이

"

사람이라 가끔 지칠 때면 경영학 전공을 살려
봉사하듯 무역업을 했다면 대박 났을 텐데, 생각할 때도 있긴 해요.
하지만 한국에 와서 돈보다 귀한 사람을 얻었어요.
기쁠 때나 슬플 때나 센터로 찾아오는 다문화 이웃들을 보면
'이 공간을 어떻게 해서든 지켜야지' 다짐하게 돼요.

"

성공이란 과연 뭘까? 부(富)나 권력을 갖는 것? 그런 게 성공이라면 안순화 씨는 진즉에 탈락이다. 많은 돈을 번 것도, 높은 지위에 오른 것도 아니니까. 하지만 그녀의 인생은 한 편의 드라마다. 그것도 멋진 반전이 숨어 있는 웰 메이드 드라마.

▌불운은 곧 행운이요, 가난은 곧 풍요다

드라마의 한 줄 정의는 이렇다. '주인공이 온갖 고난과 역경을 이겨내고 결국은 잘 먹고 잘 살게 되는 것.' 그녀는 이런 드라마적 정의에 아주 부합한다.

맨손으로 시작해 힘든 시간들을 견뎌낸 그녀에게 세상은 갈채를 보낸다. 수많은 수상이 그것이고, 무엇보다 그녀의 이름 석 자가 '서울시 명

서울시 명예의 전당에 새겨진 안순화 대표의 동판 부조상

예의 전당'에 헌액됐다.

서울시 명예의 전당은 서울 지하철 시청역에서 지하통로를 걷다 보면 나온다. 소외 이웃을 돕는 데 헌신한 시민 10명을 선정해 벽면에 헌액 대상자를 기리는 동판 부조상을 나란히 새겨 넣은 공간이다. 헌액식은 2016년 10월에 열렸다. 100명이 넘는 후보 가운데 꼼꼼한 심사를 거쳐 '서울의 얼굴'로 뽑힌 시민 가운데 조선족 출신 결혼이주여성인 안순화 씨가 이름을 올린 것이다. 그녀는 다문화, 장애인, 한부모 가정 등에 대한 인식 개선에 기여한 공로로 봉사 부문에 이름을 올렸다.

"명예의 전당에 제 얼굴이 새겨진 걸 보면 뿌듯하죠. 하지만 지금까지 한 일보다 앞으로 할 일이 더 많다는 생각에 오히려 책임감이 더 커요."

순화 씨는 2005년부터 줄곧 결혼이주여성의 서울살이를 팔 걷어붙이고 도와주고 있는 이주여성의 '맏언니'이자, 한국 사회에 건강한 다문화 정책을 제안하고 안내하는 '길잡이'이다.

예로부터 '맏이'는 하늘이 내린다고 할 정도로 아무나 할 수 있는 일이 아니다. 일복이 많아 품이 넉넉해야 한다. 선화 씨는 일복이 많아도 너무 많다. 사람도 너무 좋아한다. 특히 소외되고 어려운 사람을 좋아하고, 그들을 품어주는 품이 바다와 같다.

▌ 산설고 물설고 낯선 한국에서의 고군분투

순화 씨가 한국에 처음 온 건 2003년. 그때 그녀에게 서울은 일가붙이 한 명 없는 '산도 설고 물도 설고 낯도 선 땅'일 뿐이었다. 다른 조선족과 달리 한국말도 거의 하지 못했고, 아는 사람이라곤 한국인 남편이 유일했다.

"고향인 중국 하얼빈에서 한족 학교에 다녔어요. 어릴 때부터 중국말만 하면서 컸죠. 부모님은 늘 '민족의 말'을 배우라고 강조하셨지만 그냥 흘려들었어요. 그땐 한국인과 결혼해 한국에 가서 살게 될 줄 꿈에

생각나무 BB센터의 이중언어 교재

도 몰랐으니까요."

순화 씨는 목표가 생기면 독해진다. 한국어를 배울 때도 그랬다. 한국어학당이나 학원도 안 다녔다. 오로지 혼자 힘으로 깨우쳤다. 어려울 땐 무식한 방법이 최고라고, 닥치는 대로 TV 드라마를 보면서 회화를 익혔다.

"그때 깨달은 게 참 많아요. 말의 소중함도 그렇고…. 한 가지 재밌는 일화가 있어요. 한글을 빨리 배우고 싶어서 길거리에서 나눠주는 전단을 모아 글자를 익혔거든요. 그러다가 전단 중에 여성부 이주여성긴급지원센터의 광고를 보게 됐어요. 무턱대고 센터로 찾아갔죠. 센터에서 저를 보고 '광고지를 보고 찾아온 이주여성은 처음'이라며 놀라더라고요."

그래도 이렇게 무턱대고 찾아간 덕분에 순화 씨는 2006년 여성부 이주여성긴급지원센터에서 중국어 상담원으로 일하기 시작한다. 그땐 한국에 온 결혼이주여성 중에 한국어 교실이 있는지조차 모르는 사람이 많았단다. 당시 결혼이주여성들의 처지는 순화 씨와 비슷했다. 그래서 '후배' 이주여성들에게 조금이나마 도움이 되고 싶어서 중한사전을 들춰가며 통번역에 매달렸다고 한다. 순화 씨는 이들이 언어 장벽에 부딪혀 남편이나 시댁과 불화를 겪는 일만큼은 없게 하고 싶었단다.

이주여성긴급지원센터에서 중국어 상담원으로 일한 것을 계기로 순화 씨는 2009년부터 본격적으로 이중언어 강사로 활동한다. 이주여성 4명과 함께 매주 토요일 공부방을 열고, 이것을 모태로 '생각나무 BB센터'를 세우게 된다. 올해로 8년째로 접어드는 이 센터는 강사 20여 명에 누적 회원 1천여 명에 달하는 눈부신 성장을 이뤄냈다.

"처음엔 다문화 가정 자녀에게 '엄마 나라의 말'을 가르치자는 생각에서 출발했어요. 아이들이 엄마의 모국어와 한국어를 동시에 구사해 한국 사회에서 이중언어 인재로 성장할 수 있으니까요. 또 엄마의 모국을 이해하게 되면서 사춘기에 겪을 정체성 고민도 줄어들 수 있고요. 공부방에 다녀간 아이들이 엄마를 자랑스럽게 여기는 모습을 볼 때마다 큰 보람을 느껴요."

"대표님도 사춘기 시절 정체성에 대해 고민이 많았나요?"

"딱히 그런 건 없었어요. 한국에서 살게 될 줄 몰랐기 때문인 거 같아요."

생각나무 BB센터는 '이중언어와 이중문화를 토대로 풍성한 생각이 열리는 나무'를 뜻한다. 단체명의 BB는 'Bilingual'(이중언어)과 'Bicul-tural'(이중문화)의 이니셜이다. 순화 씨는 상임대표로 센터를 이끌며 이중언어 교재 개발, 여성 창업 지원, 다문화 인식 개선 교육, 글로벌 전통문화 공연 등을 아우르는 단체로 키워냈다.

▌ 전공 살려 무역업 했으면 거부 됐을 것

12년째 오로지 한길만을 걷고 있는 그녀의 뚝심은 각계로부터 일찌감치 높은 평가를 받았다. 2014년 이주여성으로는 처음으로 '서울시 봉사상' 대상을 수상했고, 2013년에는 'LG와 함께하는 동아 다문화상'을 받았으며, 2015년에는 '세계인의 날' 법무부 장관상을 수상하기도 했다. 민관을 넘나드는 화려한 수상 목록이다.

하지만 모든 맏이가 그렇듯, 봉사로 인해 정작 자신의 시간을 갖지 못해 모든 걸 그만두고 싶은 적도 많았다고 토로한다.

"하루에 두세 시간 잘 때도 많았죠. 낮에는 다문화 강연을 하고, 밤에는 여성가족부 다문화가족위원회, 서울시 외국인주민대표자회의, 선거연수원의 외국인 선거 강의 등을 준비하느라 뜬눈으로 보낸 날도 많아요. 특히 여가부 다문화가족위원으로서 할 일이 많았죠. 하지만 그런 만큼 보람은 컸어요. 중국에서 대학 시절 경영학을 전공했는데, 가끔은 '이렇게 무역업을 했으면 벌써 부자가 됐을 텐데' 하는 생각도 해요.(웃음)"

"여성가족부 다문화가족위원으로 활동한 보람이 특히 컸다고 하셨는데, 구체적으로 어떤 일을 하셨는지요."

"국제결혼 여성, 중도 입국 여성은 한국에 와서 언어와 문화 차이로 이중고를 겪거든요. 이들은 한 가정의 아내이자 엄마, 우리 사회의 소중한 일원인데도 정작 이들의 목소리는 수면 아래 가라앉아 있죠. 다문화가족위원으로 일하면서 이들의 목소리를 정부에 전달하고, 이를 정책에 반영되도록 할 수 있어서 뜻깊었어요. 알고 보면 다문화가족지원센터에서 다문화 여성을 위한 풀뿌리 지원을 많이 하는데, 이를 널리 홍보할 수도 있었고요. 정부가 다문화 가족을 위해 귀 기울이고 있다는 게 피부로 느껴져서 신나게 일했습니다."

"다시 대학 시절로 돌아갈 수 있다면 무역업을 하실 생각인지."

"아니요. 그때로 돌아가도 똑같이 이 길을 걸을 거 같아요. 한국에 와서 돈보다 귀한 사람을 얻었잖아요. 기쁠 때나 슬플 때나 센터로 찾아오는 다문화 이웃들을 보면 '이 공간을 어떻게 해서든 지켜야지' 다짐하게 돼요."

다문화 이웃들을 피붙이처럼 여기는 그녀의 진심과 열정이 말 한 마디, 표정 하나에도 고스란히 배어난다.

오늘도 중화동의 센터 사무실에는 중국, 동남아 출신 이주여성들의 발길이 북적인다. 이들은 책상에 앉아 한국어를 공부하기도 하고, 삼삼오오 모여 대화를 나누기도 한다.

"센터 운영비를 회원들의 자발적 회비로 충당하는 터라 매달 월세를 내기에도 빠듯해요. 한국 사회에서 다문화 이주민이 할 수 있는 역할이 무궁무진한 만큼 각계에서도 관심을 보내주셨으면 좋겠어요."

마지막으로 한마디 해달라고 하자, 역시 센터 걱정이다. 맏언니답다.

센터를 나서는데 등 뒤로 순화 씨의 낭랑한 목소리가 들려온다. 한국어를 배우러 온 이주여성의 질문에 답을 하는 듯했다.

"이 문장 말이죠? '괜찮습니다'. 발음이 어렵죠? 괜. 찮. 습. 니. 다."

좀 살아보니 삶이 그렇더라. 어느 땐 한없이 어려워 보이지만, 지나고 보면 다 괜찮아지더라. 마음먹기에 따라 아주 멋져지기도 하더라.

'선천성 퍼주기 바이러스'
선영식품 대표 신선영

신선영

조선족 3세. 56세. 중국 흑룡강성 가목사시 출생. 선영식품 대표. 다문화가족지원연합회와 중국동포복지센터 회장을 맡고 있다. 재한동포상인연합회 회장을 맡기도 했으며, 평택에서 원보주점도 운영하고 있다.

오너는 부업 봉사가 본업

성공이요?
진짜 피눈물을 흘린 사람만이 가질 수 있는 선물이라고 생각해요.
저요, 피눈물을 몇 드럼을 쏟아가며 맨주먹으로 여기까지 왔어요.

세상에는 그런 사람이 있다. 퍼주지 않으면 아픈 사람. 아픔에 대한 공감이 넘쳐 타인의 고통을 고스란히 자신의 고통으로 느끼는 사람. 그들은 대부분 과거 한 번씩은 자신도 그런 아픔에 노출되어 본 적이 있는 사람이다. 극한의 외로움을 겪어본 사람만이 외로운 사람의 처지를 알아보는 법이고, 인생이 고(苦)임을 경험해 본 자만이 타인의 괴로움을 알고, 자신을 내려놓을 줄 아는 법이다.

신선영 대표도 그런 사람이다. 그래서 그녀는 잘, 아니 막 퍼준다. 어려운 처지의 동포가 있으면 어디든 버선발로 달려간다.

▌만두와 순대로 연 매출 10억 원 훌쩍 넘겨

선영 씨는 식품회사의 오너 경영인이다. 성남시 중원구 상대원동에서 '원보'(圓寶)라는 브랜드의 중국식 만두와 순대를 만들어 판다. 전국에서 중국 식품을 파는 마트나 중국 식당 가운데 이 회사 제품을 사용하지 않는 곳이 거의 없단다.

서울과 경기지역의 200여 개 업체에는 냉동탑차 4대로 직접 납품하고 나머지 지역은 12개 업체가 대행을 한다. 연 매출액이 10억 원을 훌쩍 넘기면서 경기도 광주에 물류센터도 세웠다.

선영 씨는 바쁘다. 동에 번쩍 서에 번쩍이다. 강소기업(强小企業) 대표 외에 다른 직함도 수두룩하다. 그래서 약속을 해놔도 좀체 그녀를 만나기가 쉽지 않다. 그녀의 하루 일상을 보자.

동이 트면 일단 성남에 있는 원보로 출근을 한다. 오전에는 여기서 자동차로 40여 분을 달려 경기도 수원시 팔달구에 위치한 사단법인 다문화가족지원연합회 사무실에 들른다. 다문화가족지원연합회의 회장을 맡고 있기 때문이다. 오후에는 수원역 앞에 있는 중국동포복지센터를 찾아 고령의 중국동포들을 돌보고 다시 성남의 회사로 돌아온다.

다문화가족, 지원, 이런 키워드들이야 뉴스에 종종 회자되는 것이니 그렇다 쳐도, 중국동포복지센터는 다소 생소하다.

중국동포복지센터의 설립자는 선영 씨다. 그녀는 경기지역 중국동포들에게 맞춤형 교육과 일자리를 제공하고, 법률·노무·세무 등을 무료로 상담해 주며, 다양한 행정업무를 지원해 주기 위해 2015년 이 연합회를 만들었다. 그리고 일체의 금전적 도움 없이, 만두와 순대를 팔아 번 돈으로 2016년 9월 중국동포복지센터를 열었다.

그녀가 동에 번쩍 서에 번쩍 뛰어다니는 것은 이 단체들이 이제 갓 설립되어 할 일이 많기 때문이다.

"이들 단체가 안정적으로 운영될 때까지 '수원 생활'을 더 해야 할 것 같아요. 아들과 딸이 사업을 도와주긴 해도 오후에는 출근해서 직접 챙겨야 할 일이 많거든요. 몸이 열 개쯤 되었으면 좋겠어요."

"회사 일은 뒷전인 것 같아요.(웃음)"

"고질적인 선천성 퍼주기 바이러스 탓이죠.(웃음) 중국에 있을 때부터 그랬어요. 동포가 힘들다면 열 일 제치고 해결해 줬어요. 한국 와서도 마찬가지고요. 동네 사람한테 사고가 났을 때도, 나쁜 일이 터졌을 때도 무조건 달려가 도와줬어요. 그러다보니 무슨 문제만 생기면 전화가 와요. 지금 제 휴대전화에 저장된 번호만 해도 1,500개가 넘어요. 대부분 한두 번씩은 제 쪽에서 도움을 준 사람들이에요. 오지랖이 넓은 팔자인가 봐요."

선영 씨는 중국 흑룡강성 가목사시에서 나고 자란 조선족 3세다. 대부분의 조선족 부모들은 자녀에 대한 교육열이 높다. 자신들은 비록 배움의 기회를 잃어 3D업종에 근무하더라도 자녀들만은 악착같이 대학까지 공부시키고 싶어 한다.

선영 씨의 부친도 그랬다. 부친은 딸이 대학을 졸업해 교사가 되기를 바랐다. 하지만 선영 씨는 고교를 마치자마자 미용 공부를 시작했다. 공부보다 장사에 관심이 많았기에 자신의 선택에 후회는 없었다.

그리고 졸업 이듬해인 1978년 시내에 미용실을 차렸다. 수완이 좋아 미용실의 규모는 나날이 커갔고, 그 사이 결혼도 했다. 남부럽지 않은 삶이었다. 그러나 누가 앞일을 알 수 있으랴.

"1992년에 남편이 산업연수생으로 한국에 나가면서 변화가 왔어요. 미용실을 꾸려나가는 일도 재미가 없어졌어요. 그러던 차에 광주에 있는 아버지 친구의 아들에게서 좋은 사업이 있다며 전화가 왔어요. 가목사 생활을 접고 중국 돈 1만 위안을 챙겨 달려갔죠. 그런데 알고 보니 다

단계였어요. 돈 많이 벌어오겠다고 큰소리 땅땅 치며 떠나왔는데… 차마 고향으로 돌아갈 수가 없었어요. 친구들에게 SOS를 쳐서 돈을 빌렸죠. 그 돈으로 5층 건물을 임대해서 '조선족 호텔'을 차렸어요."

호텔은 빠른 속도로 성장해 갔다. 그런데 이번엔 대책 없는 '퍼주기'가 발목을 잡았다. 조선족 노숙자나 광주에 진출했다가 망한 한국인들을 데려다 재우고 먹이고, 심지어 돈까지 빌려주면서 경영에 구멍이 나기 시작했다. 가득 찼던 항아리의 물은 깨진 틈새로 서서히 새어나가더니 어느새 바닥을 보였다.

빌려준 돈도 떼이고, 눈덩이처럼 불어나는 적자에 1999년 결국 호텔은 문을 닫았다. 빈털터리가 되어서 그래도 찾아갈 곳은 고향밖에 없었다. 그렇게 그녀는 다시 가목사로 돌아왔다.

하지만 빈손 귀향은 자존심을 많이 구겨놓았다. 고향도 불편해졌다. 그때 선택한 것이 한국이었고, 2000년 10월 양말 공장 연수생으로 처음 서울 땅을 밟게 된다.

▌땅에서 엎어진 자 땅 짚고 일어나라

기회의 땅으로 여겼던 한국, 그러나 한국 생활은 그리 호락호락하지 않았다. 그렇다고 포기할 순 없었다. 중국에 두고 온 딸(당시 16살)과 아들(13살)의 학비를 벌어야 했기 때문이다.

자식을 위해서라면 세상의 모든 엄마들은 얼마든지 독해질 수 있다. 그녀는 중국에서 이제나 저제나 자신을 기다리고 있을 아이들을 생각하며 이를 악물었다. 쉴 틈이 없었다. 한국에 온 바로 다음 날부터 서울 강

북구 삼양동에 있는 김밥 집에 취직해서 배달 일을 다녔다.

"식당에 걸린 동네 지도를 한 번 훑어보고는 머리에 스캔한 뒤 여기저기 김밥을 날랐어요. 주로 시장 상인들이 고객이었는데 아주 친절했죠. 저도 고향 분들 대하듯 잘해줬고요. 그러다 시장 안에 가게가 났다는 정보를 얻게 됐어요. 해장국집을 차렸죠. 가게를 오픈한 뒤 아침 일찍 해장국을 끓여 그동안 잘해준 상인들에게 공짜로 드렸어요. 너무 행복했어요. 주는 행복이 얼마나 큰지 아는 사람은 알 거예요."

그러나 그 행복도 그리 오래가지 못했다. 이번에는 사기였다. 사람을 너무나 잘 믿는 그녀는 해장국집을 해서 번 돈마저 몽땅 날렸다.

하지만 그녀는 두 아이의 엄마였다. 주저앉아 울고 있을 시간이 없었다. 빈손일 때 믿을 건 몸뚱이와 성실뿐이다. 오전 11시부터 오후 5시까지는 택시회사에 나가 세차 일을 했고, 오후 8시부터 다음 날 아침 8시까지는 식당 서빙을 했다. 그렇게 강행군을 이어갔다.

급기야 온몸 여기저기서 이상 신호가 왔다. 그러나 그녀가 선택할 수 있는 건 사우나 청소부로 직업을 바꾸는 게 전부였다.

전호후랑(前虎後狼)이라 했나. 비자 만기가 지난 사실도 뒤늦게 알았다. 국적이 필요한 그는 누구라도 좋으니 사람을 소개해 달라고 주변에 부탁했고, 다행히 성남에 사는 한 사람을 만날 수 있었다. 그렇게 그녀는 또 한 번의 위기를 넘긴다.

▌ 배짱, 담력, 신용 3박자가 성공의 비결

그렇게 해서 그녀는 2004년에 삼양동에서 성남으로 터전을 옮긴다.

그리고 만두 공장에 취직한다. 가맹점도 많이 낸 잘 나가는 회사였다. 하지만 선영 씨가 일한 지 몇 년 되지 않아 동업자 간 분쟁이 일면서 부도가 났다. 그녀는 2009년에 자금을 긁어모아 이 회사를 인수했다. 상호도 자신의 이름을 따 '선영식품'으로 바꾸었다.

선영 씨는 아예 공장에서 먹고 자면서 회사를 키워 나갔다. 덕분에 회사는 7년 만에 재정이 탄탄한 작지만 강한 기업으로 자리매김한다. 가히 칠전팔기, 인생 반전의 진수가 아닐 수 없다.

선영식품은 현재 샐러리만두, 부추만두, 배추만두, 배추절임만두, 삼선만두, 훈둔의 6종류 만두와 찹쌀 순대를 만들어 '원보'라는 브랜드로 전국에 판매하고 있다.

선영 씨는 어지간한 남자들보다 배짱과 담력이 좋다. 그러나 무엇보다 선영 씨의 성공 비결은 신용에 있다. 땅에서 엎어진 자 땅을 짚고 일어서라 했다. 그녀는 사람들을 너무 잘 믿어 번번이 사기를 당하고 빈털터리 신세가 됐지만, 그럼에도 끝까지 사람을 믿었다. 그리고 다시 사람들 속에서 일어섰다.

선영 씨가 일곱 번 쓰러져도 여덟 번 일어설 수 있었던 힘의 원천은 고향에 두고 온 아들딸이었다. 조상들의 고향이라고는 하나 문화도 다르고 언어습관도 다른 한국 땅에서 배달일, 청소부 등 온갖 허드렛일을 하면서도 아들딸은 어떻게든 대학공부까지 시키고 싶었던 것. 그러려면 자존심 같은 건 잊어야 했다. 그리고 선영 씨는 기어코 해냈다. 딸은 동북재정대학에, 아들은 해남대에 들어간 것.

회사가 자리를 잡게 되자 선영 씨가 가장 먼저 한 일은 아들딸을 불러들이는 것이었다. 당시 딸은 대학을 졸업한 후 중국 광주의 삼성전자에서 회계 업무를 보고 있었고, 아들은 대학을 졸업한 직후였다. 현재 생산라인은 딸이, 유통은 아들이 책임을 지고 있다.

"아들과 딸이 한국에 오라고 할 때 흔쾌히 응했나요?"

"딸은 처음에 좀 꺼렸어요. 그만두기엔 직장이 너무 아깝기도 했고요. 하지만 언제까지 남의 일만 하면서 살 거냐, 내 사업을 해야지, 그렇게 설득했죠. 아들에겐 엄마의 특명이라고, 무조건 대학 졸업하자마자 와서 가업을 이으라고 했죠."

아들딸이 합류해서 회사 시스템이 안정화되자 선영 씨의 '본업'인 '퍼주기'도 활발해졌다. 이번에는 체계적으로 제대로 도와주자 싶었다. 그래서 시작한 게 재한동포활동실이다. 성남에 사무실을 마련하고, 조선족들의 자립과 생활을 지원했다.

지금은 이 활동실이 다문화가족지원연합회 성남지회로 이름을 바꿔 활동영역을 넓혀가고 있다. 이 연합회는 경기지역에 11개 지회를 두고 있다. 재한동포상인연합회 회장을 맡기도 했던 선영 씨는 평택시에 '원보주점'도 운영하고 있다.

"진짜 맨주먹으로 성공했어요. 피눈물 나게 여기까지 온 거죠. 그래서 더 봉사에 매달리는 거 같아요. 저도 제가 언제, 어디까지 봉사할지 몰라요. 제가 전생에 인어공주였대요. 퍼줄 팔자라는 거죠."

인생을 아직 완주한 게 아니라서 아직 더 흘릴 눈물이 남아 있는지도 모른다. 그러나 선영 씨는 그 눈물을 통해 더 단단해지고, 더 채워갈 것이다. 자신은 자존심 다 버리고 이 자리까지 왔지만, 남은 인생은 동포들의 자존심을 살리기 위해 살 거라며 넉넉히 웃음 짓는 그녀가 진정 성공한 사람 아닐까? ▨

노현숙

조선족 3세. 51세. 중국 흑룡강성 아성시 출생. 하얼빈 중의대 졸업, 세명대 한의학 박사. 현재 노현숙한의원 원장. 대한여한의사회와 경기도한의사협회 이사. 안산시한의사협회 부회장.

한의든 중의든 사람이 먼저다

"

중국은 전통의학에 대한 투자가 한국과 비교가 안 될 정도로 적극적입니다.
국립중의과학원의 연구원이 4천700여 명인 데다 중의 병원만도
3천600여 개가 있어서 연구와 임상이 자연스럽게 이뤄지고 있죠.
과거처럼 무시하지 말고 중국의 앞선 부분은 우리도 받아들여야 합니다.
한의학이 발전할수록 그 혜택은 국민이 누리는 거니까요.

"

경기도 안산시에 명의가 있다는 소문이 자자하다. 척추·관절·불임·소아과 진료로 명성을 날리는 한의사라고 한다.

필자가 찾아간 날은 토요일. 주말임에도 불구하고 병원은 발 디딜 틈이 없는, 그야말로 문전성시다. 경기지역뿐 아니라 전국에서 환자들이 몰린다는 소문을 눈으로 직접 확인하는 순간이다.

소문의 진원지는 노현숙한의원의 노현숙 원장이다. 그녀는 진료를 잘해서 얻은 명성도 명성이지만 특이한 이력으로도 유명하다. 조선족 출신으로 국내 한의사 자격을 처음 취득한 이력 때문이다.

한의원에 있을 때는 환자에만 집중하려고 휴대폰도 꺼놓고 일절 다른 일을 하지 않는다기에 진료 업무가 끝나기를 기다려 인터뷰를 진행했다.

▌조선족 출신 한의사 1호, 하루 평균 150명 진료

먼저, 하루에 진료하는 환자가 몇 명이냐고 물었다. 환자 숫자로 명성을 가늠해 볼 요량이었다.

"평균 150여 명이 찾아옵니다. 부원장과 둘이서 온종일 진료와 치료를 병행하니까 쉴 틈이 없어요. 2003년 개원해서 지금까지 축적한 환자 차트가 6만 개에 이릅니다."

"대부분 조선족 환자인가요?"

"아니요. 조선족이나 한족은 15%가 안 되고, 대부분은 치료를 받았던 조선족의 소개나 입소문을 듣고 찾아오는 한국 사람이에요."

노 원장은 조선족 3세로 중국 흑룡강성 아성시 해동촌 출신이다. 중국에서 태어난 그녀가 어떻게 해서 한국에서 한의사로 살고 있는 걸까.

우선, 그녀가 의사가 되기로 결심한 건 중학교 2학년 때. 유행성출혈열로 아버지를 잃고 나서였다고 한다.

어릴 적 그녀가 살던 해동촌은 전기도 잘 안 들어오던, 고등학교를 진학하는 학생조차 별로 없던 벽지였다. 그런 곳에서 대학 진학을 꿈꾸기는 쉽지 않았다. 하지만 그녀는 악착같이 공부에 매달렸다. 덕분에 줄곧 우등을 놓치지 않았고, 1985년 하얼빈 중의대에 합격한다.

"동네에서 잔치가 벌어졌죠. 처음 대학 합격자가 나왔는데 그것도 시 단위에서 한 명 정도 뽑는 의대생이 됐다고 모두 자기 일처럼 기뻐해 주었지요. 당시나 지금이나 중국에서 의사는 굉장히 존경받는 직업이거든요."

▌선친 유언 지키려 족보 들고 한국의 고향 찾아

노 원장은 중국 전통의학인 중의과를 졸업한 후 아성 시립병원에서 5년간 의사로 근무한다. 아성시 소수민족위원으로 활동하며 조선족 돕기에도 앞장섰던 그녀가 한국으로 이주한 건 1996년.

중국에서 남부러울 것 없는 의사로 살다가 기득권을 버리고 한국에 온 특별한 이유가 있을 것 같았다.

"선친의 고향이 경상남도 함양군 유림면 국계리에요. 일제 강점기에 조부모와 함께 만주로 이주한 선친은 늘 고향을 그리워하셨어요. 언젠가는 돌아가겠다는 마음이어서 경상도 말과 생활습관을 지키고 사실 정도였지요. 그래서 1990년 의사로 발령을 받자마자 족보를 들고 선친의 고향을 찾았습니다. 조부모가 살던 집도 그대로 남아있었고 친척 분들도 만났죠. 어찌나 반겨주시던지 3개월이 훌쩍 지나갔습니다. 그때 고국의 따스함과 고향의 정을 흠뻑 느꼈기에 한국 남자와 결혼 후 한국행을 주저하지 않았습니다."

그러나 그녀는 한국에 와서 다시 의사공부를 해야 했다. 중국에서 취득한 소아전문의 겸 침구의사 자격이 한국에선 별 소용이 없었기 때문이다.

다행히 공부에는 자신이 있었던 그녀는 서른 살에 늦깎이 공부를 시작해서 1997년 연세대 의대와 세명대 한의대에 동시 합격한다. 두 곳 중 어디를 갈까 행복한 고민을 하다가 경험도 살리고 고국의 한의학도 배워보고 싶어 세명대를 선택한다.

하지만 늦은 나이에, 그것도 낯선 한국에서의 대학 생활은 쉽지 않았다. 전공 위주로 가르치는 중국과 달리 교양도 익혀야 했고 교육환경도 많이 달랐다. 띠동갑인 어린 학생들과의 경쟁도 만만치 않았다. 그럴수록 정말 빡세게 공부에만 매달렸다.

"6년간 수업 외에 유일하게 참여한 학과 행사가 졸업여행이었어요. 처음에는 중국에서 온 간첩 아니냐는 의심도 받았죠(웃음). 동기들에게 중국어와 한자를 가르치면서 친해졌어요. 교수님도 중국에서 의사로 지낸 경력을 존중해 주어서 힘이 됐습니다."

열심히 노력한 덕분에 그녀는 2003년 졸업과 동시에 한의사 국가고시에 당당히 합격한다. 조선족 출신으로 첫 합격자였다.

그리고 남편의 고향인 안산에 한의원을 개원했다. 공부도 계속해 2008년 세명대에서 한의학 박사 학위도 취득했다.

"병원 문을 연 이래로 가장 신경 쓴 것이 환자에게 신뢰를 받는 거예요. 마음가짐도 중요하지만 실력이 우선이란 생각에 공부를 계속했고 지금도 학회 세미나 등에 꾸준히 참가하고 있습니다."

▌침술의 대가, '돈 되는' 보약 대신 치료에만 집중

한의원에서 돈을 버는 가장 손쉬운 방법은 보약이라는 말이 무색할 정도로 그녀의 병원에는 치료를 위해 찾는 환자들이 대부분이다. 그러다 보니 노 원장은 약 제조를 위해 밤늦게까지 약제실에 머무르는 경우가 많다.

한의사들이 모여 침술을 연구하는 도침학회의 회장이기도 한 그녀는 침을 잘 놓는 한의사로도 유명하다. 환자의 90%가 침 맞으러 올 정도란다. 그가 사용하는 침술은 체침·평형침·섬유침·도침·약침의 다섯 가지다.

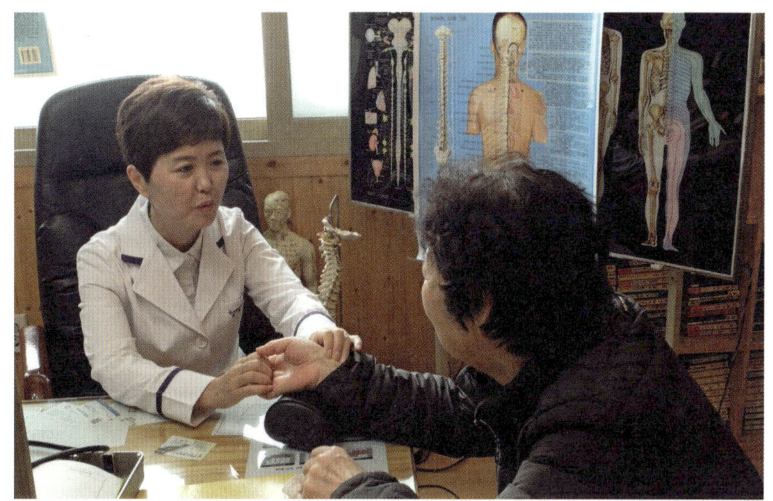

환자의 진맥을 보고있는 노현숙 원장

침을 놓는 방법은 20여 가지가 넘으며, 각각의 침마다 장단점이 있단다. 도침학회에서는 한 달에 한 번씩 한의사들이 모여 침술에 대한 경험과 의견을 나눈다고. 환자의 상태와 체질에 따라 침술을 달리할 필요가 있어서란다.

그녀는 대한여한의사회와 경기도한의사협회 이사로 국내와 해외 의료 봉사활동에도 적극적으로 나서고 있다. 안산시한의사협회 부회장으로 10년간 지역에서 다문화가정과 경로당 등을 찾아다니며 무료 진료 봉사활동도 펼치고 있다.

▌한의·중의 간 교류로 의술 높이는 데 앞장

노 원장은 한의원을 찾는 환자 중에 형편이 어려운 이에게는 치료비를 덜 받는 것으로도 유명하다. 중국에서 의사로 재직할 때 환자의 재정을 고려해 치료해 본 적이 없었기에 자연스럽게 '사람이 먼저'란 생각이 배어 있어서다.

"침놓는 값을 아예 저렴하게 받았더니 다른 한의원에서 고발이 들어오더라고요. 그 일로 선의로 하는 일이라도 업계가 정한 룰을 지키는 게 더불어 사는 길이란 생각이 들었어요. 그래서 요즘에는 할인제도를 도입해서 환자 부담을 줄여드리고 있어요."

그녀는 중국에서 의사로 활동했던 인맥을 활용해 중의 전문의를 자비로 초청해서 한의사를 대상으로 강연회도 종종 열고 있다. 중의학과 한의학 간 교류가 의술을 높이는 데 도움이 된다는 생각에서다.

"중국은 전통의학에 대한 투자가 한국과 비교가 안 될 정도로 적극적입니다. 국립중의과학원의 연구원이 4천700여 명인 데다 중의 병원만도 3천600여 개가 있어서 연구와 임상이 자연스럽게 이뤄지고 있죠. 과거처럼 무시하지 말고 중국의 앞선 부분은 우리도 받아들여야 합니다. 한의학이 발전할수록 그 혜택은 국민이 누리는 거니까요."

▌중국에서 보낸 30년 한국에서 보낸 20년

한국에서 한의사로 활동하는데 제일 어려운 점이 뭐냐고 물었더니 중국과 달리 환자에만 집중하지 못하고 경영도 해야 하는 일이라고 털어놓는다.

현재 노현숙한의원에는 본인을 포함해 부원장과 간호사 8명 등 10명이 근무하고 있다. 노 원장은 급여를 주고 약재를 사들이고 수시로 인테

노현숙한의원 식구들

리어를 손보는 등 진료 외에 경영적인 측면에서도 할 일이 많단다. 하지만 책임감도 느껴지고 그만큼 보람도 크다며 활짝 웃는다.

모든 것을 투명하게 운영한다는 노 원장은 2016년 안산세무서 명예 민원봉사실장에 위촉됐다. 또 같은 해 3월에는 안산시 우수 납세자로 선정돼 표창을 받기도 했다. 본인 몫으로 가져가는 수익이 얼마냐는 질문에는 "소득세 등 납부하는 세금이 연간 1억 원 정도"라는 말로 답변을 대신했다.

은퇴할 때까지 10만 명 이상 환자를 돌볼 계획이라는 노 원장은 자신을 받아준 한국에 조금이라도 기여를 하려고 2015년부터 체질에 따른 침법을 알리는 책을 쓰고 있다고 한다. 노 원장은 이 책에서 한중 양국에서 의술을 펼치며 쌓은 경험뿐만 아니라 중국 침술의 최신 동향도 소개할 작정이라고.

"인생의 전반기 30년은 중국에서 보냈고 한국생활도 20년을 넘어서고 있습니다. 양국에서 의사로 살면서 존중받고 보람되게 살 수 있는 축복을 누리고 있으니 보답하는 건 당연한 일이죠. 앞으로는 중의학을 한국에 소개하고 서로 교류하는 데 미력하나마 힘을 보태고 싶습니다."

문 민

조선족 3세. 46세. 중국 흑룡강성 칠대하시 출생. 오상사범학교 졸업. 한국외대 중국어학과와
서울대 대학원 졸업. 출판사와 노사발전재단 등에서 근무하다, '서울국제학원'을 설립, 원장으로
있다. 현재 재한동포교사협회 회장이며, '어울림' 주말 학교 교장으로도 활동 중이다. 펴낸 책으로
「귀화시험, 한 권으로 합격하기」와 「이웃나라 생활문화 알기 중국편」(공저)이 있다.

조선족 청소년들의 '응급' 학원

우리 학원에서 가장 공을 들이는 일은
한국어와 한국문화 이해를 가르치는 일입니다.
한국에서 '연변사투리'로 불리는 조선어를 구사하면 놀림을 받는 경우가 많거든요.
적응까지 시간이 걸리기에 애정을 갖고 아이들을 격려해 주어야 해요.
그래서 학원에서 매주 상담을 통해 고민을 들어주고 있죠.

한국에 들어와 있는 조선족은 대략 70만 명 정도. 이 가운데 조선족 자녀들은 7만 명 정도로 추산된다. 이들은 부모의 초청으로 중도 입국한 경우가 많다. 그래서인지 학교에 적응을 못하고 겉도는 학생들이 적지 않다. 왕따 등으로 등교를 거부하는 '탈학교' 현상도 늘어나고 있다고 한다. 다문화가정과 조선족이라는 이중의 왜곡된 시선에 노출되어 방황하는 아이들에게 응급처치가 시급해 보이는 이유다.

이런 상황에서 이 아이들을 위해 '응급실'을 자처하고 나선 이가 있다. 서울시 영등포구 대림동에서 '서울국제학원'을 운영하는 문 민 원장이다.

문 원장은 일찍부터 조선족 청소년 교육에 앞장서 온 교육 전문가다. 서울국제학원은 보습학원이지만 한국어와 한국문화에 대한 이해를 중점적으로 가르치다 보니 중도 입국한 동포 자녀의 한국 적응을 돕는 '응급실'로도 불린다.

문 민 원장이 아이들과 즐거운 시간을 보내고 있다

▌ 아버지 생전에 고향 김천 그리워 해

그녀의 고향은 흑룡강성 칠대하시, 아버지의 고향은 경상북도 김천이다. 아버지는 생전에 고향을 무척이나 그리워하셨고, 어려서부터 그걸 보고 자란 그녀도 한국이란 나라가 몹시 궁금했다. 궁금증은 동경으로 바뀌었고, 언제부턴가 그녀도 아버지처럼 미지의 한국을 그리워하고 있었다.

그녀는 공부를 곧잘 했고, 어릴 적부터 꿈인 선생님이 되기 위해 오상사범학교에 진학한다. 그리고 졸업 직후인 1990년 드디어 조선족 초등학교의 선생님이 된다. 그곳에서 5년간 아이들을 가르치던 그녀는 어느 날 문득 이런 생각을 하게 된다.

'한국에서 교사 생활을 하면 어떨까?'

평소 동경하던 한국에서 교사 생활을 한다는 생각만으로도 가슴이 벅차올랐다. 그녀는 당장 실행에 옮기기로 하고, 서울행 비행기에 몸을 실었다. 1995년의 일이었다.

"한국에 오자마자 교육청을 방문해 교사 근무를 신청했는데, 보기 좋게 거절당했죠. 한마디로 자격이 안 된다는 거였지요. 한국에서 교원대나 사범대를 졸업해 자격증을 취득한 것도 아닌데 지금 생각해 보면 그야말로 무데뽀였던 셈입니다.(웃음)"

설상가상으로 중국 국적이라 교원대 입학도 안 된다는 사실에 그녀는 크게 좌절한다. 그러나 길에는 직진만 있지 않은 법. 그녀는 우선 학원에서 중국어 강사 일을 시작했다. 그리고 그 즈음 친척 소개로 만난 한국인과 결혼해 한국 국적도 취득한다.

그러나 여전히 교사의 꿈을 접을 수 없었던 그녀는 1997년 한국외대 중국어과에 입학해 교직을 이수하고, 중고등학교 교원 자격을 땄다. 꿈이 이루어지나 싶었는데, 짓궂은 신은 또 아니란다. 교사가 되려면 임용고시를 봐야 하는데 중국어를 제2외국어로 가르치는 학교가 적어서 경쟁률이 너무 높은 것이었다. 시험에 필요한 영어 실력도 부족해서 결국 포기해야 했다.

늦깎이라도 대학 졸업 후 진로에 대한 고심은 한국의 여느 젊은이들과 다르지 않았다. 그러나 선택의 폭은 다른 친구들보다 훨씬 좁았다. 나이가 많고, 조선족이라는 '걸림돌' 때문이었다. 일단 어학 전문 출판사에 취직해서 중국어 학습 교재 개발과 중국어 강사 트레이닝을 전담했다.

그나마 당시 개발한 교재를 감수했던 서울대 중문과 교수의 격려가 큰 힘이 되었다. 그녀의 실력을 높이 평가해, 좀 더 공부해서 교단에 서

보라고 한 것이다. 그녀는 그 교수의 말에 고무되어 2003년 서울대 대학원에 진학해 교육학도 전공한다.

▌조선족의 한국 적응 돕기에 발 벗고 나서

출판사에서는 능력은 인정받았지만 조선족에 대한 보이지 않는 차별로 수차례 좌절을 겪었다. 입사 동기가 대리를 거쳐 과장으로 승진하는 동안 그녀는 여전히 평사원에 머물렀다. 아무리 노력해도 이방인으로 대하는 시선에 한계를 느낀 그녀는 결국 사표를 낸다. 그리고 바로 노동부 산하의 노사발전재단에 들어간다.

마침 법무부가 부족한 노동인력을 보충하기 위해 2005년부터 취업비자 발급 조건을 대폭 완화하는 조치를 발표했다. 이에 따라 조선족 등 국내 취업을 희망하는 외국적 동포는 20시간 노동부 지정 교육을 이수하면 취업비자를 받을 수 있게 됐고, 노사발전재단이 그 교육을 전담했다.

그녀는 2010년까지 취업교육 강사로 근무하며 3만 명이 넘는 외국적 동포에게 한국 적응법을 가르쳤다.

"조선족을 대상으로 한국문화와 한국 이해를 교육했어요. 제 수업의 첫마디는 '로마에 오면 로마법을 따르라'였죠. 중국과는 완전히 다른 사회 시스템에 적응 못하는 이들을 위해 수업과 별도로 상담도 진행하다 보니 정신없이 바빴지만 보람이 커서 힘든 줄 몰랐어요."

그러나 2010년 안정적인 직장이던 노사발전재단도 퇴사한다. 이번에는 승진 차별보다 근본적으로 바뀌지 않는 정부의 동포정책에 대한 실망에서였다.

"1999년 제정된 재외동포법의 혜택을 받는 대상에 국내 체류 조선족은 제외됐지요. 다문화로 분류한 거죠. 강의를 듣는 조선족들에게 당신들은 외국인이니까 서운해도 무조건 참아야 한다고 말할 수밖에 없었죠. 무척 속상하고 힘들더군요. 한번은 동포정책을 비판하는 글을 언론에 기고했다가 재단에 근무하면서 그런 입장을 취하면 안 된다고 지적도 받았죠."

그녀는 언제부터인가 자나 깨나 한 가지 생각뿐이었다.

'조선족에게 실질적인 도움을 주는 동포정책은 무얼까. 그리고 그 정책을 어떻게 하면 현실화시킬 수 있을까.'였다.

이런 고민에 깊이 천착해 있던 그녀는 2010년 이주·동포정책연구소에 연구위원으로 들어간다. 그리고 이듬해에는 「귀화시험, 한 권으로 합격하기」(크라운출판)라는 제목의 책을 낸다. 이 책을 펴낸 동기는 2006년부터 귀한동포연합총회 부회장을 맡아 조선족의 국적 취득을 도우면서 귀화조건이 점점 까다로워지는 것을 느껴서란다.

"2006년부터 2011년까지 무료로 연 귀화교육 강좌를 거친 400여 명 가운데 80% 이상이 시험에 합격했어요. 자신감이 생겨서 더 많은 이가 혜택을 볼 수 있게 강의 노하우와 기출문제 분석 등을 모아 한 권의 책에 담았죠."

▌조선족 위한 특성화국제학교 설립 위해 헌신할 터

그녀의 도전은 대체 어디까지일까. 사실 이제부터가 시작이다. 어릴 적 꿈인 선생님을 포기 못한 그녀는 아예 학교를 세우기로 했다. 그러나 허가 문제로 학교가 아닌 학원을 설립했다. 바로 '서울국제학원'이다.

2013년부터 취업비자 등으로 체류 중인 동포에게 가족 초청이 허가되면서 중도입국 자녀들이 크게 늘어났다. 그녀는 이 아이들이 한국의 학교에 잘 적응하지 못하는 걸 안타깝게 지켜보면서 이들을 도울 수 있는 게 없을까, 생각했다. 한국 생활에 빨리 적응하기 위해선 한국어와 한국문화를 배우는 게 무엇보다 시급해 보였다.

"국·영·수 등 교과목을 가르치는 보습학원이지만 가장 공을 들이는 일은 한국어와 한국문화 이해를 별도로 가르치는 일입니다. 한국에서 '연변사투리'로 불리는 조선어를 구사하면 놀림을 받는 경우가 많거든요. 적응까지 시간이 걸리기에 애정을 갖고 아이들을 격려해 주어야 합니다. 그래서 학원에서 매주 상담을 통해 고민을 들어주고 있습니다."

국내 거주 조선족 교사 출신자들의 모임인 재한동포교사협회 회장이기도 한 그녀는 중도 입국한 조선족 자녀를 위해 동북아평화연대가 세운 '어울림' 주말 학교의 교장으로도 활동 중이다. 어울림 주말학교는 서울시 구로구 도서관에서 매주 토요일마다 열리며, 문 원장도 여기서 회원들과 함께 아이들을 가르치는 재능기부를 하고 있다.

주말이면 서울시 구로구의 조선족교회에서 귀화시험을 준비하는 조선족을 대상으로 한국사와 한국생활 등에 관한 무료 강좌도 열고 있다.

'이주와 정착 독서포럼'을 이끌면서 2014년에는 「이웃나라 생활문화 알기 중국편」(생각나무 BB센터)을 공저하기도 했다.

그녀의 한국생활도 어느덧 22년째에 접어들었다. 한창 젊을 때 한국에 왔는데, 벌써 중년이다. 한국생활 22년 동안 조선족의 한국 정착을 돕는 일에 때로 죽기 살기로 매달려온 그녀에게 꿈을 묻자 "국제학교를 세우는 일"이란다.

"중국 대도시로 이주한 아이들은 우리말을 잃어버리고, 한국으로 건너온 아이들은 중국어를 못하는 상황이 조선족에게 닥친 현실입니다. 한국어와 중국어, 그리고 양국의 문화를 모두 잘 아는 인재로 키우기 위해서는 특성화된 학교가 필요합니다. 70만 재한조선족의 바람이기도 하고요."

묻지 않았으면 서운했을 정도로 지체 없이, 한 마디 한 마디에 힘을 주어 답하는 걸 보며 그녀가 이 일을 얼마나 공들여 생각하고 있는지 알 것 같았다. 동포 청소년들에 대한 사랑이 지극한 그녀의 바람, 아니 70만 재한조선족의 바람이 꼭 이루어지기를…! ▉

이미옥

조선족 3세. 44세. 중국 흑룡강성 목릉시에서 나고 자랐다. 고등학교 졸업 후 한국 기업에 취직, 한국인 남편을 만나 1996년 한국에 왔다. 제1회 행정사 시험에서 48대 1의 경쟁률을 뚫고 합격한 유일한 조선족 여성이다. 현재 대지합동행정사무소 대표를 맡고 있다.

편견의 벽을 뛰어넘어

"

몸은 학원에 있지만 마음은 늘 집에 두고 온 아이들 걱정뿐이었죠.
전철역까지 항상 뛰어다녔고, 전철 안에서는 미친 사람처럼 중얼거리며
시험공부를 했어요. 점심은 호떡 하나로 때웠죠.
하루는 집에 들어가니 딸아이가 동생 머리에 12가지 물감을 모두 쏟아붓고
난장판을 만들어 놨더라고요. 그날 아이들을 끌어안고 얼마나 울었는지 몰라요.

"

첫, 최초란 말은 떨림이다. 첫 걸음을 떼는 아가, 사회에 첫 발을 내딛는 젊은이, 첫눈, 첫사랑, 심지어 첫 이별에서조차 설렘과 울림이 느껴진다. 그녀의 첫, 도 그렇다.

▌과수원집 며느리에서, 맞벌이 주부로, 그리고...

2013년 6월 28일. 제1회 행정사(行政士) 시험이 있는 날이다. 전국 6개 지역에서 1만3천여 명의 응시자들이 부푼 기대를 안고 시험지를 받아든다. 이 가운데는 결혼이주여성도 있었다. 조선족 이미옥 씨다.

그녀는 일반행정사 부문 1차 시험 합격자 2천584명에 포함되고, 3개월여 뒤에 치러진 2차 시험도 무난히 통과해 최종 269명에 들게 된다. 그리고 그녀는 이 시험에서 유일한 여성합격자가 된다.

고졸 출신인 데다 한국으로 시집와 맞벌이를 하며 아이를 키우는 주

부였다는 점에서 그녀의 합격은 남달랐다.

특히 중국에서 성장해 한국 생활과 법률 지식이 한참 떨어질 수밖에 없는데도 민법(총칙), 행정법, 행정학 개론(이상 1차 시험), 민법(계약), 행정절차론, 사무관리론, 행정사실무법(이상 2차 시험) 등 어려운 과목을 공부해 48대 1의 치열한 경쟁률을 뚫고 당당히 합격해 주위를 놀라게 했다.

▌고졸 출신 워킹맘 조선족 1호 출입국 전문 행정사

자격 취득 이후 그녀의 이름 앞에는 언제나 '대한민국 여성 1호 출입국 전문 행정사'라는 빛나는 수식어가 붙어다닌다. 중국, 베트남, 캄보디아, 몽골 등의 국가에서 살다 한국에 온 이주민들의 출입국만 전문으로 취급하는 여성 행정사는 미옥 씨가 처음이다.

미옥 씨의 일터는 대전광역시 중구 중촌동에 있는 대전출입국관리사무소 바로 앞에 있는 '대지합동행정사무소'. 서울역까지 바쁜 시간을 쪼개 상경한 미옥 씨는 조선족 성공 스토리의 주인공으로 초대된 데 대해 "저 말고도 성공한 사람들이 많은데…" 겸손해 하면서 조심스레 명함을 내민다.

'대표 행정사 이미옥'이라고 쓰인 명함 뒷면에는 '국제결혼, 부모·자녀·친지 등 초청, 국적·영주권·이중국적 등 신청대행, 입양 및 중국 면허증 갱신, 유전자 검사 대행, 친족 관계 공증서·위탁서 대행, 번역·공증·인증'이라고 적혀 있다. 그녀가 주로 취급하는 일이다.

1시간 넘게 한중 양국에서의 삶을 털어놓으면서 보여준 그녀의 이미지는 한마디로 외유내강 그 자체다.

중국 흑룡강성 목릉시에서 나고 자란 미옥 씨는 고교를 졸업하고, 곧바로 상해에 있는 한국 회사에 취직한다. 어려서부터 조부모의 고향인 한국을 동경하던 그녀에게는 더없는 축복이었다. 더구나 그녀는 2년 차 새내기 시절에 거래처 직원으로 만난 한국인 남자와 사랑의 결실을 맺어 1996년 한국으로 시집을 온다.

시댁은 세종특별자치시 조치원읍에서 조금 떨어진 시골이지만 과수원을 운영하는 부자였다. 솔직히 처음에는 '먹고 사는 데는 부족함이 없겠구나' 싶어 좋았단다. 그러나 과수원집 맏며느리 역할은 결코 녹록지 않았다.

"시아버님께서 워낙 깐깐하셨어요. 시동생 다섯 명과 함께 사는 일도 만만치 않더라고요. 과수원 인부들을 위해 하루 다섯 끼니를 챙겨야 해서, 눈뜨면 밥하고, 설거지 하고, 청소하는 것이 전부였어요. 대가족 맏며느리 역할이 제겐 정말 힘에 부치더라고요. 그래서 남편과 시아버지를 설득하기 시작했어요. 분가시켜 달라고요. 결국 경기도 성남시에 월세 단칸방을 얻어 독립했죠."

"장남이라 시댁에서 분가를 반대했을 거 같은데."

"예, 반대가 심했어요. 특히 시아버님이 워낙 완고하셨어요. 경제적으로 한 푼도 지원해 주지 않으셨죠. 가재도구 하나도 가지고 나올 수 없었고요. 하는 수 없이 친정엄마가 맡겨놓은 150만 원과 패물들을 모두 팔아서 돈을 마련했어요. 그 돈으로 월세 보증금 내고, 남은 돈으로 이불 두 채와 최소한의 취사도구와 플라스틱 서랍장 하나 사서 살림을 시작했죠. 그땐 정말이지 100원짜리 동전 하나도 계획 없이 사용할 수 없을 정도로 어려웠어요. 한번은 아들이 이마를 다쳐서 연고를 사야 하는데 돈이 없어서 살 수가 없었어요. 지금도 아이 이마의 흉터를 볼 때면 정말 마음이 아파요."

우여곡절 끝에 분가를 하긴 했는데, 당장 먹고 사는 일이 문제였다. 뭐든 해야겠다고 생각했다. 문득 가이드를 하면 돈을 만질 수 있다는 지인의 말이 떠올랐다.

무역회사에 다니는 남편 몰래 네 살 딸과 두 살 아들을 집에 두고 여행 가이드 자격증시험 학원에 다녔다.

"남편이 학원에 다니는 걸 반대했나요?"

"예, 학원수업이 오전 9시부터 오후 4시까지 있어서 집을 오래 비워야 했어요. 더군다나 당시엔 두 아이를 유치원에 보낼 수 있는 형편이 아니어서 집에서 돌봐야 했거든요. 아이들 점심 챙겨줄 사람도 없고 사고 날까 봐 반대를 많이 했어요."

당시의 힘든 기억을 떠올리는 그녀의 눈시울이 금세 붉어졌다.

"몸은 학원에 있지만 마음은 늘 집에 두고 온 아이들 걱정뿐이었죠. 전철역까지 항상 뛰어다녔고, 전철 안에서는 미친 사람처럼 중얼거리며 시험공부를 했어요. 점심은 호떡 하나로 때웠죠. 하루는 집에 들어가니 딸아이가 동생 머리에 12가지 물감을 모두 쏟아붓고 난장판을 만들어 놨더라고요. 그날 아이들을 끌어안고 얼마나 울었는지 몰라요."

▌대지합동행정사무소 운영, 돈 '긁어모아'

그런 우여곡절 끝에 미옥 씨는 3개월 만에 가이드 자격증을 취득한다. 하지만 가이드 업무가 며칠씩 집을 비워야 하는 일이라 어린 자녀를 두고 나가기가 쉽지 않았다.

어쩔 수 없이 그만두고 이번엔 서울 명동에 있는 번역회사에 취직했다. 이곳에서는 중국동포들의 출입국 행정업무를 취급했다. 당시는 행정사가 하는 일을 대부분 번역회사가 맡아 할 때였다.

성실하고 영민한 그녀는 회사에 출근한 지 한 달 만에 모든 업무를 척척 알아서 해냈다. 그러자 회사 사장은 "3년간 이직하지 않고 퇴사해도 같은 업종에 종사하지 않겠다."는 내용의 각서를 쓰라고 요구하는 게 아닌가. 뭔가 이상했다. 이건 아니다 싶었다. 각서를 쓰는 대신 그녀는 과감히 사직서를 썼다.

그리고 2002년 '대지번역'이란 상호를 내고 집에서 인터넷으로 그동안 배웠던 번역 업무를 시작했다.

"결혼서류 번역, 초청, 공증 관련 서류대행 등 매일 20~30건씩 처리했어요. 당시 불법체류 합법화, 여권 연장 등 업무가 쇄도하면서 광화문 교보빌딩에 있던 주한 중국영사관(지금은 명동으로 이사)을 내 집 드나들 듯했죠. 아예 영사관 휴게실에 테이블을 놓고, 직원 3명과 함께 업무를 했을 정도였어요."

업무가 걷잡을 수 없이 늘어나면서 서울 종로에 사무실을 냈다. 2005년에는 대전에도 사무실을 오픈하는 등 사세를 확장했다. 하지만 여기저기서 번역사무소가 생기고 경쟁이 치열해지면서 결국 2007년 서울 사무실을 정리하고 대전에 정착했다.

경쟁이 치열해지기 전까지는 돈도 많이 벌었다. 나름 동종 업계에서는 잘한다는 소문이 났기 때문이다. 좀 과장하면 돈을 긁어 담았단다. 하지만 남편의 사업이 잘 안 돼 날리기도 많이 날렸다고.

그 즈음, 정부는 퇴직 공무원들이 독점하던 행정사 자격시험에 대한 위헌 결정이 나자 2012년 법을 개정해 일반인도 시험을 통해 행정사 자격증을 취득할 수 있도록 문호를 개방했다. 제1회 행정사 시험 소식은 미옥 씨에게도 희소식이었다. 하지만 제시된 시험 과목을 보고는 눈앞이 캄캄했다. 지금까지 그 어디에서도 배워본 적이 없는 것들뿐이었기 때문이다. 그래도 이 악물고 한번 덤벼보기로 했다.

"오후 4시에 사무실 업무를 마치면 KTX를 타고 서울로 왔어요. 수업이 끝나면 밤 11시 30분 막차를 타고 대전으로 돌아갔죠. 그렇게 7개월을 서울과 대전을 오가는 강행군을 했죠. 시험 몇 개월을 앞두고는 아예 서울에 거처를 마련해 살았죠. 매일 하루 3시간씩 자고 공부했어요. 거의 모든 과목을 외웠던 것 같아요. 나중에는 환각과 환청이 생길 정도였지요."

▌하버드대 수석 합격한 딸이 힘의 원천

유난히 추운 겨울이 있다. 그러나 그 겨울 끝의 봄은 더 달고 화사하다. 생전 처음 보는 그 많은 과목들을 거의 다 외울 정도로 혹독한 겨울을 보낸 그녀의 봄은 달았다.

결혼이주여성으로는 유일하게 행정사 시험에 합격한 그녀는 현재 직원 4명의 월급을 주면서 억대의 매출을 올리고 있다. 세금도 '착실히 내고' 있다.

자격증 취득 이후에 가장 큰 변화가 뭐냐고 물었더니, 한마디로 '당당해진 것'이란다. 그도 그럴 것이 과거 번역사무소가 하던 일을 지금은 행정사가 아니면 할 수 없기 때문이다.

"저와 만난 고객은 10만 명이 훨씬 넘어요. 몇 번 거래를 했거나 손님을 알선해 주는 휴대전화 저장 고객만 해도 8천 명이나 됩니다. 남들은 번듯한 사무실을 내고 억대를 벌어들인다고 해서 성공했다고 말하지만 저는 아직은 아니라고 생각해요. 중국동포들을 위해 제가 가진 지식과 경험을 나누고, 그들이 안정적으로 정착할 수 있도록 도움을 주어야 비로소 성공한 삶이 아닐까 생각해요. 근데 바쁘다는 핑계로 아직 못하고 있어요. 앞으로는 그렇게 살고 싶습니다."

미옥 씨는 매년 행정자치부 초청으로 행정사 시험 합격자들을 대상으로 출입국 업무 관련 강의도 한다.

부드러운 외면 어디에서 그런 강단이 나오는 걸까.

"제 힘의 원천요? 아이들이죠. 조선족인 제가 당당해져야 아이들이 떳떳하게 자랄 수 있다고 생각했어요. 그래서 더 억척스럽게 최선을 다해 산 거 같아요. 잘 커준 아이들이 너무 고맙죠."

그녀에겐 요즘 자랑할 일이 하나 더 생겼다. 힘들었던 시절, 늘 그녀의 희망이자 힘이 되어 주었던 딸아이가 하버드대 리더십전형에 수석으로 뽑힌 것. 2016년 9월 입학한 딸은 더욱이 오바마 대통령상을 받는 장학생으로 선발됐다고.

편견의 벽을 뛰어넘어, 엄마로서, 아내로서, 사회인으로서 성공적인 삶을 살아가는 조선족 워킹맘 그녀에게 찬사를 보낸다. ▐

이해응

조선족 4세. 42세. 여성학 박사. 한국여성정책연구원 공동연구원과 서울시 여성가족재단의 초빙연구원으로 일하며 이화여대, 연세대, 서울여대 등에 출강 중이다. 2015년 '은평한중문화마을'이란 1인 기업을 창업해 2016년 공동 사무실을 냈다. 중국어 통번역과 여성 관련 연구 프로젝트 수행이 주된 업무다. 2009년 아시아 지역 이주여성들과 만든 '생각나무 BB센터'에서 이중언어 강사를 양성하고, 한국이주여성인권센터에서도 활발히 봉사하고 있다.

저는 조선족 이전에
세계인이고 사람입니다

한국에 와서 돈 많이 모았느냐, 한국 남자와 결혼하려고 왔느냐, 이런 식으로
무시하는 질문을 자주 받았어요. 처음엔 이런 질문을 받으면 아무 말도 못하고,
그저 고슴도치처럼 뾰족하게 가시만 세운 채 잔뜩 웅크려 있었죠.
하지만 이제는 역으로 상대에게 질문을 던져
중국동포에 대한 고정관념을 바꿔주려고 해요.

서울시에는 명예부시장 제도가 있다. 외국인, 여성, 청년, 어르신, 장애인, 전통상인, 중소기업인, 문화예술인 등 각 분야의 인사를 추천받아 12명의 명예부시장을 두고 있다. 해응 씨는 제2기 명예시장을 지냈다. 몽골 출신 온드라흐 씨에 이어 두 번째 외국인 명예부시장이다.

"서울시 명예부시장으로 일하며 보람도 컸고 많이 배웠죠. 말 그대로 실권은 없고 명예만 있는 자리라지만 서울시의 주인이자 시민의 대표라는 걸 실감할 기회가 많았어요. 이런 기회를 만들어 준 서울시와 도움을 준 주위 분들에게 깊이 감사드려요."

▌외국인으로서 두 번째 서울시 명예부시장 위촉

해응 씨는 명예부시장으로서 각종 회의에 참석해 의견을 내고, 보신각 '제야의 종' 타종에도 참가하는 등 다양한 활동을 펼쳤다.

그녀는 명예부시장 재임 기간 중 가장 기억나는 일로 '서울시민 인권헌장' 제정에 참여한 것을 꼽는다. 서울시는 2014년 8월 180여 명의 전문위원과 시민위원을 위촉해 다섯 달간의 토론을 거쳐 서울시민 인권헌장 초안을 만들었으나 성소수자 차별 금지 조항을 두고 '동성애 옹호' 논란이 불거져 공포하진 못했다.

"각계각층의 시민이 모여 격론을 벌이는 광경은 중국에선 볼 수 없었죠. 참여민주주의의 현장을 목격했다고나 할까. 대수롭지 않게 생각하고 갔다가 뜨거운 참여 열기를 보고 이 회의에 빠지면 안 되겠다는 생각이 들더군요. '한국 국적이 없는 사람은 서울시민으로 볼 수 없다.'는 주장도 나왔죠. 성소수자 이슈에 묻히기는 했으나 만일 개신교계가 이 조항에 거세게 반대하지 않았다면 이주민 문제가 가장 큰 논란을 빚었을 겁니다."

비록 공식 선포는 무산됐지만 시민위원들은 인권헌장을 독자적으로 발표하고 2015년 말 책으로도 펴냈다. 해응 씨는 2015년 12월 구성된 서울시 외국인 주민대표자회의에 준비 단계부터 참여해 정책 제안과 입법 지원 등에 나선 것과 중국동포 현안 해결을 위한 서남권민관협의체가 출범할 때 동포단체장회의를 조직해 의견이 반영되도록 한 것도 소중한 경험이었다고 말한다.

▌중국 벽지마을의 황소고집 소녀

해응 씨의 고향은 중국 길림성 집안시의 시골마을이다. 가구 수라야 조선족 10여 채가 전부인 벽촌이다. 증조부 때 다른 조선족 1세들처럼 만주로 건너갔다. 어릴 때 조부모가 돌아가시고 아버지도 해응 씨가 17

살 때 세상을 떠났다.

초등학교와 고등학교 교사를 지낸 아버지가 책을 워낙 좋아해서 집에 늘 책이 많았다. 자연스레 해웅 씨도 항상 책을 가까이 하며 자랐다. 그리고 아버지의 영향으로 선생님이 되고 싶어 초등교사를 양성하는 길림성 매하구시의 해룡중등사범학교를 거쳐 연변대 중어중문학과를 졸업했다.

"어릴 적 생활은 어땠나요? 성격이나 모습도 궁금합니다."

"잘 웃고, 듬직한 편이었죠. 성적은 반에서 1, 2등 할 정도였고. 성격은 좋은데 한번 고집부리면 황소도 못 꺾는다고들 했어요. 지금도 크게 달라진 것 같진 않은데, 고집은 많이 꺾인 거 같아요.(웃음)"

"증조부의 한국 고향은 어디였나요? 어릴 때 정체성에 관한 고민은 없었는지?"

"조부나 아버지께 여쭤 볼 기회가 없었어요. 다만 어머니께 전주 이씨 집안이라는 얘긴 들었어요. 어릴 때에는 조선족 한족 이런 민족 구분이 있었고, 나는 한족이 아니라 조선족이다, 라는 민족 정체성이 강했어요. 하지만 조선족의 역사나 민족의 미래, 이런 깊은 정체성 고민은 없었어요. 누가 물어봐 주지도 않았고. 그렇지만 할머니 할아버지는 조선말(한국어)을 하셨고, 어머니 아버지는 이중언어를 사용했는데 조선말을 더 많이 하는 편이었어요."

▎고깃집 석쇠 닦으며 11년 만에 여성학 박사

대학 졸업 후에는 모교인 연변대에서 행정직원으로 얼마간 근무했다. 그때 연변대 연구소 '여성연구종심'(女性研究中心)과 이화여대 한국여성

연구원의 자매결연 프로그램에 선발돼 1년간 교환 연구원으로 서울에 오게 되면서 한국과의 인연이 시작된다.

이후 한국여성연구원에서 연구와 조사를 돕고 여성학 과목도 청강하게 되면서 점점 한국의 여성학에 매료된다. 내친김에 그녀는 여성학을 제대로 공부해 보기로 했다. 해서, 2002년 8월 이화여대 석사과정에 등록한다.

이때부터 주경야독의 만만찮은 한국 생활이 시작된다. 돈을 벌면서 공부를 한다는 게 쉽진 않았다. 더욱이 증조부의 고향이라곤 하나 한국은 중국동포에 대한 편견이 유독 심했다. 연구원 시절과 달리 학생 신분으로 돌아가니 장학금을 받기는 했지만 생활비가 턱없이 모자라 틈나는 대로 아르바이트를 해야 했다. 불고깃집에서 쪼그리고 앉아 하루 6시간씩 석쇠를 닦고, 주인 자녀에게 중국어를 가르치기도 했다.

고진감래라고 했던가. 고생 끝에 해응 씨는 2013년 8월 드디어 박사학위를 딴다. 2002년 8월에 석사과정에 등록했으니 박사까지 꼬박 11년이 걸린 셈이다.

2016년 3월 여섯 살배기 딸과 대한민국 국적을 취득했다. 중국 국적이다 보니 어린이집에 다니는 딸이 보육 지원을 받지 못해 내린 결정이었다. 무역업에 종사하는 남편은 중국 국적을 유지하며 재외동포 비자(F-4)를 갖고 있다.

▎여성학 공부 후 한중 사회 더 깊이 이해

"여성학은 나를 알고 사회를 알기 위한 학문입니다. 제가 석박사 과

다문화인을 구분해 지원하려다
보니 오히려 낙인을 찍어 차별을
부추긴 측면이 있어요.
다양한 문화적 배경을 존중하는
풍토가 중요한 거죠.
동포정책도 마찬가지라고 봅니다.
중국동포들은 특혜를 바라는 게
아니라 역사적 특수성을 인정해
달라는 겁니다.

정에서 여성학을 공부하지 않았다면 지금도 저 자신이나 한국과 중국의 사회를 겉핥기로만 알았을 거예요. 중국의 여성학은 이론과 연구 중심입니다. 공적인 영역에서는 남녀평등이 실현됐거든요. 한국의 여성학은 여권 신장 운동과 함께 체계화돼 실천학문의 경향을 띠고 있습니다. 한국 여성의 정치 참여나 경제활동은 중국에 뒤지는 대신 여성의 NGO 활동은 한국이 훨씬 활발하죠."

해응 씨는 올해로 11년을 맞은 한국의 다문화정책을 높이 평가하면서도 따끔한 지적을 잊지 않았다.

"예전에는 결혼이민자들이 어디 가면 한국어를 배울 수 있는지, 누구에게 도움을 요청해야 하는지 몰라 어려움을 많이 겪었죠. 11년 전 정부가 다문화정책을 본격적으로 펼치며 지원책이 쏟아졌고 각종 제도도 마련됐습니다. 그러나 다문화인들을 구분해 지원하려다 보니 오히려 낙인을 찍어 차별을 부추긴 측면이 있어요. 다양한 문화적 배경을 존중하는 풍토가 중요한 거죠. 동포정책도 마찬가지라고 봅니다. 중국동포들은 특혜를 바라는 게 아니라 역사적 특수성을 인정해 달라는 겁니다."

해응 씨의 한국 생활도 어느덧 17년째를 맞고 있다. 처음 한국에 들어왔을 때는 '왜 그렇게 눈치가 없느냐'는 핀잔도 많이 받고 북한식 사투리 탓에 지레 주눅이 들었단다. 하지만 이제는 중국 출신이라고 하면 오히려 주변 사람들이 '정말이냐?'며 되레 놀란다고.

"대학에 있을 때는 차별받는다는 느낌을 크게 받지 않았어요. 여성학계에 소수자나 약자를 배려하려는 분위기가 있기도 했고요. 그런데 대학 밖에서는 그렇지 않더군요. 중국에서 왔다고 하면 '한국에 와서 돈 많이 모았느냐', '한국 남자와 결혼하려고 왔느냐', '중국에도 이런 물건이 있느냐' 하는 식으로 은근히 무시하는 질문을 자주 받았죠."

"그런 질문을 받으면 주로 어떻게 대처하셨나요?"

"처음에는 자존심이 상해도 곧바로 반박하거나 유연하게 대응하지 못했어요. 다른 사람들이 나를 어떻게 볼까 두려웠죠. 고슴도치처럼 가시를 세운 채 몸을 잔뜩 웅크렸다고나 할까. 하지만 이제는 이런 질문을 받으면 농담으로 받아넘기죠.(웃음) 때에 따라선 역으로 상대에게 질문을 던져 중국동포에 대한 고정관념을 바꿔주려고도 해요. 이곳에 와 있는 동포 청소년들에게도 기회만 있으면 '내가 방어적이고 소극적이면 누가 다가오겠느냐. 자신에게 당당해져야 소통할 수 있다.'고 말해 주곤 해요."

해웅 씨는 양국의 배경을 함께 지닌 재외동포나 다문화가정이야말로 두 나라 간 우호협력의 가교이자 평화를 이루는 에너지원이라고 힘주어 말한다.

"다소 엉뚱한 질문 같지만, 한국과 중국이 축구 경기를 하면 어느 나라를 응원해요?"

"둘 다요."

"아이들에게 엄마가 좋아, 아빠가 좋아 질문하면 그렇게들 말하던데….(웃음)"

"승부를 전제로 한 스포츠에서는 제대로 된 대답이 아니라는 건 알아요. 하지만 저희 심정이 꼭 그래요. 결혼이주민이나 다문화가정 자녀 역시 두 나라가 다 잘됐으면 좋겠다고 생각할 거예요. 양국 관계가 나빠지면 가장 먼저 상처를 입고 피해를 보거든요."

▌조선족 갈등 해결할 상담사 키워야

해응 씨는 중국인이나 중국동포가 범죄를 저질렀다는 보도만 나오면 가슴을 졸인다고 한다. 혼자 방 안에 있어도 따가운 시선이 느껴질 정도라고. 아마 한국에 와 있는 조선족 대부분이 그렇지 않을까. 그녀는 작심한 듯 이 문제에 대해 이렇게 역설한다.

"중국인이 범죄를 저지른 것은 팩트임에 틀림없지만 매체에 비치는 건 극히 일부지요. 그런데 나머지 다양한 측면이나 조선족 단체의 입장은 한국의 주류 매체에 잘 반영되지 않습니다. 많은 범죄가 아는 사람 사이에서 일어납니다. 가정폭력은 남녀 간, 가족 간의 문제이지 조선족의 문제가 아닙니다. 또 범죄에는 배경이 있게 마련이어서 개인만 비난한다고 문제가 해결되진 않습니다. 중국인은 위험하다는 인식만 심어줄 게 아니라 가족 갈등이나 사회적 불만을 해소하도록 상담사를 키우는 노력이 더욱 절실하다고 봅니다."

해응 씨는 요즘 무척 바쁘다. 한국여성정책연구원 공동연구원과 서울시 여성가족재단의 초빙연구원으로 일하며 이화여대, 연세대, 서울여대에 출강하고 있다. 2015년에는 '은평한중문화마을'이란 이름의 1인 기업을 창업해 이듬해 공동 사무실도 냈다. 중국어 통번역과 여성 관련 연구 프로젝트 수행이 주된 업무다.

그렇다고 그녀의 관심이 여성학 연구에만 있는 건 아니다. 자신의 재능을 이주여성들과 중국동포들에게 기부하는 일에도 폭넓게 참여하고 있다. 2009년부터 아시아 지역 이주여성들과 '생각나무 BB센터'라는 모임을 만들어 이중언어 강사를 양성하는가 하면 한국이주여성인권센터에서도 활발히 봉사하고 있다.

직장인으로, 며느리로, 엄마로, 아내로, 유독 한국사회에서는 결혼한 직장 여성이 감당할 몫이 많다. 더욱이 국제결혼이 많아지면서 다문화 가정과 결혼이주여성 문제도 사회 이슈로 대두된 지 오래다. 이런 문제를 풀어나가기에 그녀는 보기 드문 인재다. 너와 나, 조선족이냐, 아니냐, 경계놀음에 빠지지 않는다면 말이다. ▨

조선족 네트워크의
허브 김용선

김용선

조선족 3세. 40세. 길림성 연변조선족자치주 용정에서 나고 자랐다. 연변대 역사학과와 동(同)대학원을 졸업했다. 서강대로 유학오면서 한국에 정착했다. 유학생 시절 맡게 된 재한조선족유학생네트워크(KCN) 회장을 시작으로 동포들의 권익과 복지를 위해 그가 맡고 있는 직함은 현직만 해도 열 개가 넘는다. 20대 총선에선 비례대표 국회의원 물망에 오르기도 했다.

4無 그룹을 아시나요?

우리가 한국에 가장 바라는 게 뭔지 아십니까? 외국인등록증과 외국국적동포
국내거소신고증에 이름을 우리가 부르는 대로 적어 달라는 겁니다.
우리는 중국에 살 때도 국가가 발급하는 신분증에 우리식 발음대로 이름을 써 왔는데,
정작 모국에서는 왜 이름을 중국식으로 써야 합니까?

한중무역협회 회장, 중국동포한마음협회 회장, KC동반성장기획단 이사장, 한중경영신문사 사장, 한중창업경영협회 자문위원장, 재한동포위원회 수석부위원장, 서울시 서남권민관협의체 사회문화분과위원장, 중국재한교민협회총회 이사, 연변주 주한차세대사업위원회 고문, 서울시 외국인주민·다문화가족지원협의회 위원, 한국외국어대 글로벌문화콘텐츠학과 외래교수…

숨이 차다. 이게 모두 한 사람의 직함이란다. 그것도 전직을 빼고, 현직만이란다. 열 손가락이 모자란다. 더욱이 백세 인생에 이제 겨우 마흔이다.

화제의 주인공은 조선족 3세인 김용선 씨다. 이쯤 되면 '재한 중국동포 사회의 마당발'을 넘어 '국내 조선족 네트워크의 허브'로 불릴 만하다.

서울 구로동의 한중무역협회 사무실에서 용선 씨를 만났다. 직함에 대해 먼저 묻지 않을 수 없었다.

"자리에 욕심내는 성격은 아닌데… 사람 만나는 걸 좋아하는 데다 동포 문제 해결에 매달리다 보니, 이런저런 단체에 많이 관여하게 됐습니다."

용선 씨는 2004년 9월 유학생 신분으로 한국에 왔다. 중고등학교 시절 학생회장을 맡은 경험은 있지만 학생 신분이어서 동포 모임을 이끌 처지는 아니었단다. 그런데 그해 중국동포들의 추석 망향제에 참여했다가 "목소리가 좋으니 망향문을 낭독하면 좋겠다."는 권유를 받고 수천 명 앞에서 망향문을 읽게 됐다. 이때 이중의 디아스포라를 겪고 있는 서글픈 현실을 떠올리며 자기도 모르게 눈시울이 뜨거워졌고, 모인 사람 모두가 눈물을 흘렸다고 한다. 그때부터 조선족의 권익 옹호와 사회봉사에 앞장서기 시작한 게 지금에 이르렀다고.

▌조선족 사회에 온몸과 마음 헌신

그의 고향은 중국 길림성 연변조선족자치주 용정이다. 할아버지는 3·1운동이 일어난 1919년 10월, 열다섯 살 때 만주로 건너갔다.

그는 용정에서 조선족 초중고를 다니고 연변조선족자치주 연길시의 연변대 역사학과를 졸업했다. 주변에 중국인이 많지 않아 중국어를 쓸 일도 별로 없었다. 학부를 졸업하고 연변대 대학원에 진학해 석사학위를 땄다.

전공이 한국사여서 자연스럽게 한국 유학을 꿈꿨다. 마침 재외동포재단 초청 장학생으로 뽑혀 서강대 사학과에서 박사과정을 밟았다.

그러나 가슴이 뜨거운 이 청년은 책상에 앉아 연구만 할 체질이 아니었다. 추석 망향제에 참석한 것을 계기로 2005년부터 2년간 재한조선족유학생네트워크(KCN) 회장을 맡게 되면서 더더욱 책상 밖으로 나돌게 됐다. 당시에는 불법체류자가 많아 유학생 모임 말고는 이렇다 할 동포단체가 없는 형편이어서 KCN이 NGO 역할까지 했다. KCN은 클로버 봉사단을 만들어 나눔과 봉사 활동에 나섰다.

서울 광진구 노인복지센터에서 치매 노인을 돌봐주는가 하면, 가리봉동에서 중국동포를 대상으로 컴퓨터를 가르쳤다. 중국동포들이 가장 고맙게 여긴 것은 화상채팅 방법을 가르쳐준 것.

당시는 많은 동포가 불법체류 신분이었고, 오랫동안 중국에 있는 가족들을 보지 못하고 있던 상황이라 거의 모든 교육생이 수년, 심지어 15년 동안 얼굴을 못 보고 지낸 부모, 자녀들과 화상채팅을 하면서 감격의 눈물을 흘렸다.

특히 기억에 남는 건 중국에 3개월 된 아기를 남겨둔 채 한국에 돈 벌러 나온 한 아주머니였다. 그녀는 13년 동안 전화나 편지로만 딸과 안부를 주고받다가 처음으로 얼굴을 마주 보며 대화하니 감격에 겨워 눈물을 펑펑 쏟았다고 한다.

▌중국동포 지원엔 네 가지가 없다?

당시만 해도 체류 자격이나 지위가 불안정한 중국동포 취업자가 많다 보니 임금체불이나 성추행 등 부당한 일을 겪어도 항의조차 못할 때였다. 한국의 법과 제도를 몰라 손해를 보기도 하고, 한국의 기초생활 질서에 익숙지 못해 주변 사람의 손가락질을 받는 일도 잦았다.

이를 안타깝게 여긴 용선 씨는 각종 법률 지식과 기초생활 질서 등을 알려주기 위해 2007년 한중법률신문을 창간한다. 전국을 발로 뛰며 샅샅이 뒤져 '중국 상가 주소록'도 펴냈다. 이런 와중에 집까지 날릴 정도로 많은 돈을 까먹었다.

2011년부터 2년간은 중국동포타운신문 편집국장을 지내며 2012년 한중창업아카데미와 한중창업경영협회를 만든 데 이어, 2013년에는 한중무역협회를 발족하고 한중경영신문도 창간했다.

2012년에는 한국외대 대학원 글로벌문화콘텐츠학과에 진학해 박사과정을 다시 밟았다. 서강대에서는 박사과정을 수료만 하고 논문을 쓰지 못했는데, 지금은 서울 대림동 중국동포타운을 주제로 논문을 쓰고 있다.

2013년엔 사업도 새로 시작했다. 공동 창업한 4명 이름의 영문 머리글자를 따 법인명을 LMLK라고 지었다. 물류 배송, 국제전화 무료 애플리케이션 보급과 함께 'K-뷰티' 기술을 전수한다.

그는 중국 절강성 주산시의 한 대학에 2016년 9월 미용학과를 개설하고, 커리큘럼을 짜주고 강사를 파견하기도 했다. 또 인근에 성형 전문병원을 짓고 있으며 미용학원도 문을 열었다.

논문 쓰랴, 사업하랴 짬이 없을 텐데도 동포단체 활동에는 손을 떼지 못하고 있다. 미국이나 유럽에 살던 재외동포에게는 동포 비자(F-4)를 내주는데 중국 출신에게는 전문직 등으로 자격을 제한하고 있고, 어쩌다 중국동포가 강력범죄에 연루된 것을 두고 중국동포를 위험인물처럼 여기는 등 차별이나 냉대의 시선이 좀처럼 바뀌지 않아 할 일이 많다고 느끼기 때문이다.

"F-4 비자 발급 제한을 없애면 국내 노동시장이 영향을 받는다는데,

이제 한국에 더 들어올 중국동포도 별로 없습니다. 또 외국인의 범죄율이 내국인보다 훨씬 낮은데도 외국인이 겁난다고 말하는 사람이 많습니다. 외국인 중에서도 중국 출신의 범죄율은 8위입니다. 중국동포 숫자가 많다 보니 보도되는 범죄 건수가 많을 뿐이죠.

실제로 중국동포를 겪어본 사람들은 그렇지 않다는 걸 알죠. 신분이 불안정하기 때문에 추방될까 봐 오히려 조심스럽게 행동하거든요. 건물 주인들도 외국인은 월세를 꼬박꼬박 낸다고 더 좋아합니다."

화제가 중국동포들의 처우에 이르자 그는 말이 빨라지고 언성이 높아진다. 다문화가족이나 외국인 노동자를 위한 지원책은 있는데도 중국동포는 관련법도 없고, 예산도 없고, 담당 부처도 없고, 담당관도 없는 '4무 그룹'이라고 안타까움을 토로한다. 사단법인을 만들려고 해도 등록을 받아줄 주무 부처가 없다는 것이다.

▌ 재외동포법 전면 시행해야

그는 이제는 미룰 핑계가 없는 만큼 단서 조항을 달지 말고 재외동포법을 전면 시행해야 한다고 힘주어 말한다. 또 해외에 나가 있는 동포뿐 아니라 한국에 들어온 동포를 위해 재한동포특별법을 제정해야 한다고 주장한다.

"우리가 한국에 가장 바라는 게 뭔지 아십니까? 외국인등록증과 외국국적동포 국내거소신고증에 이름을 우리가 부르는 대로 적어 달라는 겁니다. 중국에 살 때도 국가가 발급하는 신분증에 우리식 발음대로 이름을 써 왔는데, 정작 모국에서는 왜 이름을 중국식으로 써야 합니까?"

그의 지적은 예리하고 따끔하다. 그는 2014년 아들과 함께 한국 국적을 얻어 한국식 이름으로 적힌 주민등록증을 발급받았다. 2006년 그와 결혼한 이선란 경북대 경북해양과학연구소 연구교수는 2016년에 한국 국적을 취득했다.

▌ 중국동포 국회의원 나올 때 됐지만 '신중히'

그가 애정을 쏟는 일 가운데 하나는 중국동포를 상대로 한 역사교육이다. 2015년 행정자치부의 도움을 받아 '재한 중국동포 역사교육 문화 탐방'을 시작한 것. 중국동포는 전 세계 어느 지역 동포보다 한민족 고유의 언어와 문화 전통을 잘 지켜왔지만 한국 역사는 제대로 배운 적이 없기 때문이다.

만 19세 이상에게 1박2일, 당일 두 가지로 나눠 교육하는데 학생에서부터 노인에 이르기까지 연령층이나 직업이 다양하다고 한다. 2015년 500명의 수료생을 배출했고, 2016년에도 10월까지 참가자가 300명에 이른다고.

그는 20대 총선에서 비례대표 국회의원 물망에 오르기도 했다. 19대 총선에서 필리핀 출신의 결혼이주여성 이자스민 씨가 금배지를 달았기 때문에 중국동포 국회의원이 나올 수 있을 것이라는 기대가 있었지만, 무산되고 말았다. 아쉽지 않았느냐고 물었다.

"급하게 생각할 필요는 없다고 생각합니다. 능력과 자격을 갖추지 못한 사람이 하게 되면 되레 역풍이 불 수도 있으니까요."

"중국과 한국에서 자라나는 동포 청소년들에게, 그 시기를 지내온 선배로서 당부하고 싶은 말이 있을 거 같습니다."

"그 시기에는 저도 그랬지만, 정체성 고민을 많이 하게 됩니다. 중요한 건, 한민족으로서의 자부심을 잃지 않으면서도 글로벌 마인드를 갖는 거라고 생각합니다. 그래서 한국과 중국 간의 경제와 문화 교류에서 큰 역할을 할 수 있길 바랍니다."

조은정

조선족 3세. 36세. 연변 출생, 연변대 졸업. 크리스토퍼코스 리더십 강사. 법무법인 KR 및 바로법률 사무장을 거쳐 지금은 법무법인 정세 한중법률지원센터 센터장을 맡고 있다. ㈜ 굿컬쳐의 이사, 북경마네초지국제예술센터의 한국사무소 대표, 한중의료미용교류협회 사무총장, 위해라베트전자상무유한회사 한국 대표, 중강연합다이어트의학연구원 부원장 겸 한국 원장 등 젊은 나이에 노트 한 바닥쯤은 열거할 수 있을 만큼 많은 직함을 갖고 있다. 한국 국적은 2012 년에 취득했다.

희망을 희망하자

*생전에 늘 한국 쪽을 바라보던 할아버지 모습이 눈에 선해요. 일을 마치고
집에 가는 길에 한강 위로 일렁이는 조용하면서도 아름다운 서울의 야경에
취하곤 하는데, 그때마다 할아버지와 함께였다면, 하는 아쉬움이 남아요.*

서울 서초동 법조타운의 정세 회의실. 조은정 센터장이 일하는 곳이
다. 차분하면서 도회적인 말투, 깔끔하고 세련된 차림새. 누가 그녀를
연변 출신이라고 짐작이나 할까.

그러나 그녀의 고향은 중국 연변조선족자치주의 중심도시 연길이다.
회계사 아버지의 똑 부러지고, 지기 싫어하는 둘째 딸로 줄곧 거기서 자
랐고, 대학도 연변대를 다녔다.

"단지 조선족이라는 이유만으로 주변 사람들에게 무시당하는 사례를
많이 봤어요. 저도 그런 시선을 받기 싫어서 티를 안 내려고 무진장 애
를 썼죠. 리더십 강사로 일할 때는 혹시 저도 모르는 사이에 연변 말투
가 튀어나올까 봐 젓가락을 입에 물고 발음 연습을 할 정도였으니까요.
그만큼 조선족이라는 사실을 숨기고 싶었던 거죠."

▌조선족임을 숨기려 젓가락 물고 발음 연습

조선족이 무슨 주홍글씨도 아니고, 그녀의 솔직한 말에 가슴이 아팠

다. 굳이 멀리 거슬러 올라가지 않아도 그들의 할아버지와 할머니는 내 할아버지와 할머니의 이웃이었는데.

그녀의 할아버지는 강원도 춘천이 고향이다. 치욕의 역사, 일제강점기 말에 어떻게든 살아야 했기에 만주로 건너가 연변에 자리를 잡았다. 그 시절 만주로 간 동포들이 그랬던 것처럼 그녀의 할아버지도 해방만 되면 금방 고향으로 올 줄 알았다. 그러나 그러지 못했다. 할아버지는 거기서 일가를 이루고 자식을 낳고, 그 자식이 또 자식을 낳았으니 그녀의 언니와 그녀다. 현재 언니는 연변에서 초등학교 교사로 일하고 있고, 부모님은 2009년 한국으로 와서 서울 목동에서 그녀와 함께 살고 있단다.

할아버지의 고향이지만, 자신들을 '조선족'이라고 깔보는 한국의 동포들이 미울 법도 한데, 그녀는 왜 한국에 왔을까.

"할아버지께서는 생전에 한국에 가서 꼭 뿌리를 찾아야 한다고 입버릇처럼 말씀하셨어요. 돌아가실 때 초등학교 3학년이던 제가 혼자 임종을 했는데, 그때 하셨던 마지막 유언도 뿌리를 찾으라는 거였어요. 어린 나이에도 왠지 모르게 마음이 아팠어요. 생전에도 그렇게 한국 쪽 하늘만 바라보시더니…. 그래서 마음먹었죠. 할아버지의 유언을 꼭 지켜드려야겠다고. 그런 이유로 전공도 국문학을 택했어요."

"자랄 때 집안에서, 할아버지나 부모님께 왠지 특별한 가르침을 받으셨을 것 같은데요?"

"특별한 건 없고, 할아버지와 함께 살다보니 한국말과 한국의 문화를 쉽게 배우고 익혔어요. 자연스레 나는 한국인이라고 생각하며 자랐고, 그런데 왜 중국에서 살게 됐을까, 언제부터 조선족으로 불렸을까, 정체성에 대해 고민이 많았죠. 부모님도 특별히 어떤 교육 방식으로 가르치지 않으셨어요. 어떤 일을 강요하기보다 큰 그림을 그려주고 선택은 본인이 하도록 하셨죠. 넘어지더라도 스스로 일어서게끔 하는, 굳이 말하면 방임형 훈육이랄까."

"어릴 적엔 어땠어요? 가령 꿈이랄까."

"꿈이 하도 많아서… (웃음) 몸이 약한 언니를 보호해야 한다는 마음에 태권도 선수가 되려고 했어요. 회장으로서 학생들 관리를 못했다는 이유로 벌을 선 뒤로는 좋은 선생님이 되려고 했고, 제복이 너무 멋있어 보여 경찰이 되려고도 했죠. 아픈 엄마를 보면서 혼자 몰래 눈물을 흘릴 때면 의사를 꿈꾸었어요. 그러면서도 어떻게든 한국에 가서 할아버지의 소원대로 뿌리를 찾아야 한다는 생각만은 잊은 적이 없어요. 정작 뿌리를 찾아서 뭘 어떻게 할 건데, 하는 구체적인 생각도 없으면서 말이에요. 어찌됐든, 한국에 올 때는 나름 포부가 거창했어요. 그러나 정작 한국에 와서 보니 꿈꾸던 생활과는 너무 다르더군요. 뿌리를 찾는 것 또한 그리 간단한 게 아니라는 것도 알았고."

▌오로지 할아버지 유언 하나 가슴에 품고 한국행

그녀는 대학을 졸업하고, 2006년 아무런 준비나 구체적인 계획도 없이 한국으로 건너왔다고 했다. 그저 할아버지의 유언 하나 가슴에 품고.

한국에 오자마자 그녀는 할아버지 말씀대로 뿌리를 찾아 춘천으로 갔다. 옛날 주소와 이름만 가지고 무작정 춘천으로 향했고, 다행히 거기서 할아버지의 누님(대고모)들의 후손들을 만날 수 있었다고 한다.

그 후 그녀는 여느 중국동포 여성처럼 우선 식당에 취직해서 일하게 된다. 그러다가 한국크리스토퍼 리더십센터의 한용현 사무총장으로부터 함께 일하자는 제안을 받는다. 연변에 있을 때 국제적인 체인을 거느린 크리스토퍼 리더십센터를 다녔는데, 수료식에 참석한 한 총장이 그를 좋게 보고 연락해 온 것이다. 교육 과정을 마친 뒤 2년 넘게 리더십 강사로 생활하다가 우연한 기회에 2010년 법무법인에 취직하게 된다.

그때부터 그녀의 본격적인 한국생활이 시작된다. 그러다 우연한 기회에 변호사 사무실에 취직을 하게 됐는데, 거기서 중국동포들의 고달픈 삶을 온몸으로 느끼게 된다.

"한번은 500만 원 넘는 벌금형을 선고받아 추방될 처지에 놓인 중년 여인을 만난 적이 있어요. 체류 기한이 하루밖에 남지 않았을 때였죠. 제 손을 부여잡고 눈물을 쏟으며 도와달라고 하는데 저도 눈물이 나더군요. 다행히 서류를 뒤져보니 한국인과 결혼한 적이 있어 합법적으로 체류할 조건이 됐습니다. 그런데 변호사를 잘못 만나서 애꿎게 돈만 날렸던 거죠. 잘 해결이 됐고, 지금은 한국 국적까지 얻어 잘살고 있습니다. 이런 보람 때문에 무료 법률 상담이 힘들어도 그만둘 수가 없어요."

"사실 변호사 자격증도 없는데, 법률사무소에서 그토록 열심히 일하는 이유가 궁금해요."

"국내에 들어와 있는 중국동포들 중에 간단한 법률 지식이라도 있었다면 겪지 않아도 되는 피해를 보는 경우가 많아요. 조금만 손을 내밀면 주변의 도움을 받을 수 있는데도 모르고 있다가 곤란한 처지에 빠지기도 하죠. 법무법인에서 일하며 안타까운 사례를 많이 봤기 때문에 한중 법률지원센터를 만들었습니다. 생활에 필요한 법률 상식을 알려주는 법률 아카데미도 개설했지요."

▌조선족 법률 도우미로 한중 기업 교류에도 앞장

그녀는 중국동포가 범죄를 저질렀다는 뉴스가 나올 때마다 한숨이 절로 나온다. 중국동포들을 싸잡아 범죄 집단처럼 여기는 시선이 쏟아질까 봐 두려워서다.

지금은 다행히 중국동포들의 생활이나 체류 자격이 비교적 안정돼 불법체류자 문제도 사라지고 생계형 범죄도 눈에 띄게 줄었다. 그 대신에 마약이나 음주로 인한 사고가 끊이지 않고, 보이스피싱 조직에서 전화 부대로 동원되는 사례도 여전하다. 자신처럼, 국내에서 살아가고 있는 중국동포들에게 하고 싶은 말이 있을 거 같다. 더불어 한국인들에게도.

"우리 중국동포들이 더 노력해야겠다는 생각이 많이 들어요. 한국사회의 당당한 일원으로 인정받을 때까지 조금만 더 참고 힘을 내자고 당부하고 싶습니다. 한국인들에게도 부탁드리고 싶은 게 있어요. 저희 조상들은 자의로 조국을 등진 게 아니라 어쩔 수 없이 고향을 떠난 거잖아요. 그래도 우리 고유의 문화와 전통을 지키고 살아왔다는 점을 알아줬으면 좋겠어요. 누구는 강원도 사람, 누구는 전라도 태생이라고 부르듯이 동북 3성의 동포들도 대한민국의 한 지역 출신으로 봐주시면 안 될까요?"

▌전통 지키며 살아온 이들 따뜻하게 봐줬으면

그녀의 관심사는 중국동포들에 대한 법률 지원과 상담에 그치지 않는다. 한국 기업과 중국 기업 간의 상호 교류나 공동 협력을 중개하는 것이 주요 업무다. 장래 목표는 한중 기업 교류의 플랫폼을 만들어 모든 관련 서비스가 원스톱으로 이뤄지도록 하는 것이다.

이를 위해 2015년 8월 KBI코퍼레이션이라는 회사를 차려 대표를 맡았다가 1년 뒤 증자와 함께 법인명을 굿컬쳐로 변경하고 이사로 일하고 있다. 서울시의 위탁을 받아 샤오미·바이두·텐센트 등 중국 IT(정보기술) 기업 관계자들을 초청해 제4회 서울 앱 페스티벌을 개최했고, 중소기업진흥공단 관계자들을 이끌고 중국 기업 시찰과 관계자들과의 미팅을 주선하기도 했다.

조 센터장은 클럽과 리조트를 운영하는 북경마네초지국제예술센터의 한국사무소 대표, 한중의료미용교류협회 사무총장, 위해라베트전자상무유한회사 한국 대표, 중강연합다이어트의학연구원 부원장 겸 한국 원장 등 다른 직함도 수두룩하다.

"IT나 문화 콘텐츠 말고도 건강과 미용 분야에도 주목해야 합니다. 중국인들도 급속한 경제성장 과정에서 앞만 보고 달려오다가 어느 정도 부는 이뤘으나 정작 건강을 돌보지 못해 모든 것을 잃은 사례가 많아요. 이제는 건강과 미용 등에 신경 쓸 때가 됐죠. 사드 배치 문제로 한류 콘텐츠 수입을 제한하는 이른바 한한령(限韓令)을 내렸다고 하는데, 이와 상

제4회 서울 앱 페스티벌에서 기업 관계자들과 포즈를 취하고 있는 조은정 센터장

관없이 건강과 미용 분야에서는 한동안 한국 열풍이 식지 않을 겁니다."

조 센터장은 2017년 2월 북경에서 중국 관계자들과 함께 다이어트 박람회를 개최했다. 한국의 전문 강사 2명을 데리고 가서 포럼도 열었다. 앞으로 중국에서 정기적인 의료 아카데미도 개설할 계획이다.

그녀는 한국(Korea)과 중국(China)의 상생을 도모하자는 취지로 결성한 국내 중국동포들의 싱크탱크 모임 KC동반성장기획단의 부단장도 맡고 있다. 2년의 부단장 임기를 마친 뒤 2015년 10월 연임됐다.

아무리 뛰어난 그녀라도 사드 배치 문제나 '최순실 게이트' 등으로 중국 관련 사업을 펼치는 데 어려움이 많을 거 같아 어떠냐고 물었다.

"우리보다 관련 보도를 훤하게 꿰고 있어 낯이 뜨거워질 때가 많아요. 그래도 평화적으로 촛불집회를 여는 모습을 보고는 '한국인들이 최고'라고 손가락을 치켜들 때는 한국인으로서 자부심이 느껴졌죠."

▍차세대 조선족 청소년들이여, 희망을 희망하자

한국에서 나고 자란 나보다 더 한국인으로서 자부심을 느끼는 그녀. 한국에 아예 눌러 앉게 된 이유는 그 자부심 때문일까.

"처음엔 호락호락하지 않았지만, 살다 보니, 한국생활이 훨씬 편해요. 잠시 소주에 가서 일 년 정도 생활한 적이 있는데, 다시 한국에 돌아왔을 때 그 편안함과 포근함을 잊을 수가 없어요. 그것이 모국의 정, 모국의 품, 모국의 정서가 아닌가 하는 생각을 합니다. 한국에서 살기로 마음먹었다기보다 국민의 한 사람으로, 시민의 한 사람으로 한국인으로서의 정체성을 찾아가는 과정이지 않나 싶어요."

태어나 보니 조선족이었던 그녀. 한때 정체성에 고민하며, 방황하는 사춘기를 겪었을 그녀에게 중국과 한국에서 살아가는 많은 조선족 청소년들에게 한마디 들려달라고 했다.

"젊은 우리가 희망이라고 말하고 싶어요. 조선족 3세, 4세, 5세… 우리들이 새로운 역사를 써나가야 하지 않을까요? 어떻게? 각자가 자기 자리에서 최선을 다해야죠. 그러면 언젠가 우리 모두 '하나'가 되어 있을 거라 생각해요."

4부

추워도
향기를 팔지 않는
매화처럼

조선족 슈퍼맘 홍익대 교수 **전춘화**
중국경제 전문가 인천대 교수 **김부용**
한중일 최고 대학 두루 거친 수재 **강광문**
미다스의 손, 신영증권 펀드매니저 **권덕문**
'여의도의 중국통' 애널리스트 **박인금**
중국 금융의 스페셜리스트 **안유화**
품성, 인성, 지성 3박자 갖춘 부경대 교수 **예동근**
국제분쟁 해결의 명수, 변호사 **홍송봉**

조선족 슈퍼맘
홍익대 교수 전춘화

전춘화

조선족 3세. 40세. 중국 흑룡강성 계서시에서 나고 자랐다. 연변대 석사를 마친 후 곧바로 연변대
교수로 임명됐다. 2009년부터 홍익대 세종캠퍼스 상경학부 교수로 재직 중이다. 홍익대 내에
재능기부 동아리 '공명'을 만들었고, 다문화가정 여성이 모여 만든 '다모'의 이사장도 맡고 있다.

차별과 차이

중국에서는 우리 민족의 문화와 언어를 부모님으로부터 자랑스럽게 배워왔어요.
조선민족의 일원으로서 항상 당당하고 자부심이 있었죠. 하지만 한국에 와서,
조선족이란 개념이 굉장히 배타적인 걸 알고 충격이 컸죠.
안타깝기도 하고 서럽기도 하고….

웃는 모습이 참 예쁘다. 겨우내 움츠렸다가 활짝 만개하는 봄꽃들처럼 강인하면서도 화사하다. 굽이굽이 힘든 시기 다 지나고 이제는 거울 앞에 선 누님 같은 성숙한 웃음이라서 더 그렇다.

조선족에 대한 편견이 심한 한국에서 언제 어느 자리에서나 조선족임을 당당히 밝히고, 조선족임을 자랑스러워한다는 전춘화 교수. 지성과 미모에 당당함까지 갖춘 매력적인 여성이 아닐 수 없다. 우선 성공한 조선족에 초대된 소감부터 물어봤다. 겸연쩍어하면서도 그녀는 조근조근 속내를 풀어놓는다.

"성공이요? 부끄럽네요. 저보다 더 훌륭한 분들이 많을 텐데… 제가 성공을 했는지는 잘 모르겠지만, 한 가지 분명한 건 조선족이라는 사실을 숨기진 않아요. 오히려 자랑스럽게 생각해요. 그리고 교포이기 때문

에 한국에 와서 교수도 하고 있잖아요.(웃음) 교포들이 한국에서 당당히 자신의 정체성을 밝히고 열정을 가지고 살았으면 좋겠어요. 그러면 성공도 따라오지 않을까요?"

▌망망대해에서 혼자 노를 젓다

흑룡강성 계서시 출신인 그녀는 어려서부터 영민하고 명석한 학생이었다. 연변대 영문과를 졸업하고 같은 대학 중문과에서 석사학위를 딴 후 곧바로 외국학부 영어 교수로 채용된 것만 봐도 알 수 있다. 일찌감치 강단에 선 그녀는 거기서 더 '잘나갈' 수도 있었을 텐데, 어떤 이유로 한국에 오게 된 걸까. 사연은 이렇다.

그녀는 2006년 연길에서 농산물 무역회사를 운영하던 한국인 남편을 만나 결혼을 하게 된다. 교수이며, 아내로서 그곳에서 신혼의 단꿈에 젖나 싶었는데, 남편의 사업이 어려워졌다. 고심 끝에 2009년 삶의 터전을 한국으로 옮긴다. 다행히 입국 전에 연변대 교수 경력을 인정받아 홍익대 상경학부 교수로 미리 채용된다.

하지만 한국생활은 만만치 않았다. 그녀는 어려서 조선족학교가 아닌 한족학교에 다녔기 때문에 한국말이 어눌했다. 더욱이 시부모를 모시는 한국문화도 잘 몰랐다. 모를 뿐 아니라, 문화 자체가 너무 달라서 어리둥절케 하는 게 한둘이 아니었다.

"시어머니 말씀에 중국식으로 '응'하고 반말로 대답해 야단맞기 일쑤였어요. 전라도 출신인 시부모님의 입맛을 맞추는 일도 여간 힘든 게 아니었고. 더군다나 남편의 사업이 어려워져서 제 월급만으로 시부모님과

시동생, 여섯 식솔의 생계를 꾸려나가야 했어요."

"문화 차이로 중국으로 돌아가고 싶은 적도 있었을 것 같은데."

"처음에는 그런 생각도 했어요. 소통에 어려움을 겪을 때 특히 그랬죠. 제가 전달하고 싶은 걸 제대로 표현하지 못하다 보니, 모든 일이 어렵게만 다가왔거든요. 언어뿐 아니라 생활습관, 가치관, 태도, 이 모든 것들이 너무나 생소하고 다르다 보니 혼자서 이 먼 곳까지 와서 왜 마음고생 몸 고생을 할까, 외롭고 슬플 때가 많았어요. 한국에 왔을 때 아이가 세 살이었는데, 아이 키우는 일도 무척 힘들었죠. 더욱이 학교에 오고가는 시간만 5시간 이상 되어서 거의 매일 뛰어다녀야 했죠. 몸도 힘들지만 친구들이 없어서 더 외로웠어요. 그럴 땐 부모님과 가족들, 친구가 있는 중국으로 돌아가야겠다는 생각을 많이 했죠."

"워킹맘이라 더 힘들었겠어요."

"그렇죠. 한국에선 결혼하면 가정에서 남녀가 하는 일이 명확히 분리되어 있는 걸 여기 와서 살면서 알게 되었어요. 사회구조적으로 남자들은 회사 업무가 늦게 끝나고 회식이 잦아서 그런 거 같아요. 그렇다보니 상대적으로 여자들이 가정에서 해야 할 일이 너무 많은 것에 놀랐습니다. 특히나 아이 교육은 거의 여성들 몫이고. 교육도 그저 단순히 과제 체크 정도가 아니고 아이의 매니저가 돼야 하고요. 주위 엄마들에게 부지런히 정보도 듣고, 아이 공부에 대한 공부도 하느라 무척 힘들었죠.

한국사회에선 여성들에 대한 기본적인 요구가 참 높은 거 같아요. 저는 일 욕심도 많은 편이고, 다른 엄마들 못지않게 아이 양육도 잘하고 싶고, 암튼 여러 면에서 다 잘하고 싶은 마음이 크다 보니 더 힘들었던 거 같아요. 하루 일과를 마치고 밤에 혼자서 한숨을 푹푹 내쉬던 그 시간이 가장 외로웠어요. 그땐 제가 마치 바다에서 혼자 힘들게 노를 저으면서 보이지 않는 목적지를 향해 매일매일 힘겹게 나아가고 있는 느낌이 들었죠."

"그래도 힘든 시기를 잘 견디셨어요."

"차별이 아니라 차이였으니까요. 쉽진 않았지만 특별히 힘든 걸 내색하진 않았어요. 제 나름대로 한국생활에 적응해 나가는 법을 터득해 갔죠. 한국말을 배우러 동네 도서관을 찾아 다녔고, 독서모임도 쫓아다녔어요. 끼니마다 시부모를 위해 전라도 음식을 장만해 상위에 올리기도 했고요."

"다른 질문을 해보죠. 조선족임을 잊고 살다가 타의적인 시선이나 힘으로 출신을 피부로 느낀 적이 있나요?"

"중국에서는 55개 소수민족의 하나로 우리 민족의 문화와 언어를 부모님으로부터 자랑스럽게 배워왔어요. 조선민족의 일원으로서 항상 당당하고 자부심이 있었죠. 그래서 처음에 한국에 왔을 때 할머니 할아버지 아버님 형제들의 나라여서 많이 설렜어요. 하지만 한국에 와서, 조선족이란 개념이 굉장히 배타적인 걸 알고 충격이 컸죠. 안타깝고 서럽기도 하고…. 중국에서는 당당하게 밝힐 수 있는 조선족을, 정작 한국에 와서는 그러기 힘든 현실을 보고는 정체성에 대해 매우 혼란스러웠어요. 왜 이렇게 되었나, 조선족 이주역사 책도 열심히 뒤져 보고, 부정적인 편견을 깨려고 공부 진짜 많이 했죠.(웃음)"

▌ 한중 교류 위해 동아리 '공명' 창립

전 교수의 삶의 무대는 크게 대학과 다문화 가정으로 나뉜다. 대학에서는 중국어와 중국문화를 가르치고 있다. 그녀는 강의를 하면서 한 나라의 문화와 언어를 익히는 데 수업시간만 갖고는 한계가 있다는 것을 깨달았다고 한다. 그래서 2012년 캠퍼스 안에 동아리 '공명'(共鳴, 함께 어울림)을 만들어 지도하고 있다.

"사람과 사람이 만나 어울려야 더 효율적으로 언어를 배우고 문화를 이해할 수 있다는 생각이 들었죠. 그래서 대학 내 중국인 유학생과 상경학부에서 중국어를 배우는 한국 학생이 서로 소통하면서 윈윈 할 수 있었으면 하는 기대가 있었어요."

현재 임원진을 포함해 60명이며, 4년 동안 600명이 넘는 학생이 동아리 활동을 해왔다. 포털사이트 네이버 카페 '야호 중국통'을 방문하면 공명의 모든 활동을 공유할 수 있다. 노인학교, 초등학교 등을 찾아가 중국어와 중국문화를 가르치는 재능 기부 활동으로, 공명은 2014년 교육부가 수여하는 교육기부 분야 대상을 받기도 했다.

전 교수는 매년 50명의 유학생을 중국 심양의 동북대학에 보내는 일
도 하고 있다. 중국을 알아야 시야가 넓어질 수 있다는 생각에서 유학을
적극 권장한다. 동북대 안에 '공명 중국지부'를 만들어 활동하도록 나서
주기도 했다. 2016년에는 동북대학 설립 94년 만에 외국 유학생 동아리
로는 처음으로 공식 인정도 받았다.

"중국인 유학생에게는 한국어와 한국문화를 배우게 하고, 한국 학생
에게는 중국어와 중국문화를 배우도록 하고 있죠. 뿐만 아니라 취업과
창업의 기회까지 제공하는 동아리로 발전했죠."

"성취감도 있겠고, 많이 흐뭇하시죠?"

"그럼요. 제가 강의 시간 외에 꼭 두세 시간씩 투자해 유학생 관리와
해외단기 어학연수 등의 업무를 보는 이유죠."

▌정체성 확고하고 열정 있다면 반드시 성공

2017년 3월에는 취업을 앞둔 대학 3, 4학년생의 중국 진출을 돕기 위
해 공명 산하에 '공명블록'도 만들었다. 최근에는 대학 내 중국 유학생들
을 규합해 '중국유학생회'를 창립해서 지도교수를 맡고 있다고 한다. 중
국인 유학생에 대한 한국인의 인식을 개선하고 그들이 중국에서 한국을
가장 잘 알릴 수 있는 인재라는 것을 홍보하기 위해서란다.

대학 밖에서는 다문화가족의 권익활동에 발 벗고 나선다. 열한 살 된
딸을 키우면서 이중언어교실도 개설했다. 같은 처지의 엄마들과 어울려
활동하면서 자연스럽게 '다문화'에 관심을 가지게 되었다고.

2017년 4월에는 중국, 몽골, 태국, 미얀마 4개국 9명의 다문화가정

여성이 모여 만든 다문화협동조합 '다모'(다문화, 다양한 어머니(母)들의 힘을 모아 성장한다는 뜻)의 이사장까지 맡았다. 다모는 국가별 다문화 이해 교육 콘텐츠 개발과 외국어 문화 강사의 양성과 파견, 공연·전시·체험 프로그램, 분야별 전문 통·번역 서비스를 원스톱으로 제공하고 있다.

조합 내 '다모예술단'은 주말마다 경기도와 성남시 행사에 참여해 몽골, 중국, 태국, 미얀마 등의 전통춤 공연을 선보이고 있다.

"앞으로도 주위 사람들에게 항상 도움이 되는 사람이 되고 싶어요. 교수로서는 지식 전달뿐만 아니라 학생들의 사회진출에 조언을 해주고 싶고, 다모 이사장으로서는 교포 사회와 다문화에 대한 인식을 개선하기 위해 더 힘을 보탤 생각입니다. 그리고 아이에겐 자랑스러운 엄마이자 인생 멘토가 되고 싶어요."

그녀는 결혼이주여성들이 비록 한국어와 문화에는 서툴지만 훌륭한 이력을 가진 인재가 많다고 자랑한다. 이런 능력 있고 재주 많은 여성들을 단지 이주여성, 조선족이라는 틀에 가두어 능력을 썩히지 말라고, 그들이 제 능력을 마음껏 발휘해 경제적으로 자립할 수 있도록 해주고, 그럼으로써 한국사회에 도움을 줄 길을 만들어줘야 하지 않겠느냐고, 그녀는 힘주어 말한다. ▊

김부용

조선족 3세. 37세. 중국 흑룡강성 오상시 출생. 북경대 졸업. 서울대에서 석·박사 취득.
대외경제정책연구원 연구위원을 거쳐 현재 인천대 동북아국제통상학부 교수로 재직 중이다.

역경 속에 핀 꽃

한국은 단일민족국가여서 그런지 외국인들을 배척한다는 인상을 많이 받아요.
한 핏줄인 탈북민이나 조선족 동포에 대해서까지 편견을 갖고 있다면
다른 이주노동자들은 어떻게 보듬을 수 있겠어요?

완연해진 가을빛이 눈부시게 내리긋던 오후, 인천 송도에 있는 인천대 연구실에서 그녀를 만났다. 여리고 가냘프지만, 맑은 눈빛과 다부진 표정에서 자존감이 배어난다.

중국 북경대 졸업, 한국 서울대에서 석사와 박사 취득, 대외경제정책연구원(KIEP) 연구위원을 거쳐 인천대 동북아국제통상학부 교수로 재직 중인 김부용 씨. 그녀의 학력과 경력은 가을볕만큼이나 눈부시다. 37세라는 젊은 나이를 감안하면, 질투가 날 정도로 화려한 이력이 아닐 수 없다.

▌ 북경대 졸업 후 달랑 100만 원 들고 서울행

눈부신 이력으로 미루어 그녀는 필시 대도시 태생의 소위 금수저일 것만 같다. 하지만 그녀가 나고 자란 곳은 중국 흑룡강성 하얼빈 근교

오상시에서도 20여 리나 더 가야 하는 궁벽하기 이를 데 없는 시골마을이다.

그녀는 중학교 교사인 아버지와 전업주부인 어머니 사이에서 둘째 딸로 태어났다. 여섯 살 위인 언니가 있다. 두 자매는 어린 시절부터 아버지로부터 흔치 않은, 역경의 가족사를 들으며 자랐다.

"여느 조선족 3세처럼 일제강점기에 할아버지는 경남 김해에서 어머니를 따라 동생과 누이와 함께 중국 길림성 도문으로 이주하셨대요. 그 후 해방이 되자 할아버지 일가는 고국인 함경북도 종성군 동포리로 가지만, 정작 할아버지는 거기서 2년 정도밖에 못 사셨대요. 그때 할머니는 만삭의 몸이셨다고 해요. 할아버지가 돌아가신 지 불과 10일 후에 아버지가 태어난 거죠. 그 후 할머니가 중국의 길림성 화룡시로 재가하면서 아버지도 함께 중국으로 가셨대요. 근데, 할머니가 재가한 집이 몹시 어려웠나 봐요. 궁벽한 살림에, 가뜩이나 데려온 자식인 아버지가 그 집에선 눈엣가시였겠죠. 자존심이 강하셨던 아버지는 그런 생활이 견디기 힘들어 열다섯 살 되던 해에 혼자서 북한으로 들어가셨대요. 아버지는 거기서 제일 먼저 할아버지 묘를 찾아다니셨다고 해요. 정말 어렵게 할아버지의 묘지를 찾아, 나무를 깎아 묘비를 세워놓고 하염없이 우셨대요. 아버지는 힘든 상황에서도 공부를 계속했고, 그러다가 북한의 경제 사정이 너무 안 좋아져서 다시 중국으로 돌아가셨죠."

부용 씨 가족은 1989년 아버지의 전근에 따라 벽지 마을을 벗어나 길림성 연변조선족자치주의 소도시 안도로 옮긴다. 그러다 5년 만에 다시 연변자치주의 주도인 연길로 이사하게 된다. 궁벽한 마을 학교에서 점차 큰 도시의 학교로 전학을 하자 부용 씨는 공부를 따라가기가 쉽지 않았다. 하지만 명석한 두뇌와 타고난 성실함으로 전국 각지의 수재들만 들어간다는 북경대에 진학한다.

부용 씨가 대학에서 부닥친 가장 큰 장벽은 언어 문제였다. 중국에서 자랐다고는 하지만 동북 3성에 있을 때는 한족과 어울릴 일이 자주 없어 중국어를 거의 사용하지 않다가 중국어 수업을 들으려니 쉽지 않았던 것. 중고등학교 때 영어수업이 없어 뒤늦게 영어를 익히는 일도 쉽지 않았다.

하지만 부용 씨는 특유의 뚝심으로 정면 돌파를 택했다. '그래, 차라리 유학을 가는 거야.' 그러나 영어에 자신이 없으니 선택의 폭은 좁았다. 그래도 일본보다는 선조의 고향인 한국이 낫겠다는 생각이 들었다. 다행히 재외동포재단의 장학금도 받을 수 있었다. 그렇게 2002년 9월 서울로 건너와 이듬해 신학기에 서울대 대학원 경제학과에 입학한다.

"한국에 올 때 부모님께 부담을 드리지 않으려고 달랑 100만 원만 들고 빈털터리나 다름없이 왔어요. 지금 생각해 보면 무모한 일이었죠. 그래도 다행히 초원장학회의 유승룡 회장께서 잠잘 곳을 마련해 주시고 동아제약 유충식 부회장께서는 등록금도 선뜻 내주셨죠. 석사와 박사과정을 지도해 주신 이 근 교수님께는 학문적으로 가르침을 받았어요. 학문하는 태도도 많이 배웠지요. 모국의 고마운 분들을 일일이 얘기하려면 끝이 없어요."

▌중국 국적으로 한국의 국책연구기관 연구원 돼

박사학위 취득을 한 달 앞둔 2010년 1월, 부용 씨는 대외경제정책연구원에서 중국경제 전문가를 찾는다는 제안을 받는다. 마다할 이유가 없었다. 냉큼 취직했다. 연구원은 기존의 동북아경제본부의 중국팀과는 별도로 중국 권역별, 성(省)별 연구팀을 신설하며 그녀에게 경진기로 불리는 북경시, 천진시, 하북성과 동북 3성을 맡겼다.

사실 정부가 출연한 국책연구기관에 중국 국적의 사람을 뽑는다는 건 극히 이례적이다. 그녀는 이를 어떻게 받아들였을까.

"저를 채용하기가 망설여졌을 것 같아요. 실제로 한국 정부를 위해 연구하는 입장이어서, 양국 간의 민감한 현안이 발생하면 고민스러울 때가 있었죠. 프로젝트에서 빠질 때도 있었어요. 그래도 한국 기업의 중국 진출 전략을 연구하면 한국 기업에도 도움이 되고 중국 지방정부도 환영하는 결과로 이어지는 게 대부분이어서 보람을 많이 느꼈어요."

국책연구기관에서 중국 국적의 그녀를 뽑은 건, 중국 경제 전문가로 그녀만 한 인물이 없었기 때문일 것이다. 석·박사 논문만 봐도 그녀가 얼마나 중국 경제에 대해 깊이 연구를 했는지 알 수 있다. 석사 논문은 성별 데이터를 계량 분석해 중국의 경제성장 결정 요인을 논한 것이고, 박사 논문에선 중국 경제성장과 소득 불균형의 관계를 동시방정식 모델로 풀어냈다.

대외경제정책연구원에서는 '중국의 발전 전략 전환과 권역별 경제동향', '경진기 지역 LED 산업 현황과 시사점', '중국 농촌 소비시장 특징과 진출 방안' 등의 연구서를 펴냈다.

그녀는 고학력 조선족 3세들이 그렇듯 다중 언어에 능하다. 중국어, 한국어, 영어의 3개 국어를 자유자재로 구사한다. 현재 근무처인 인천대에서 강의할 때도 그녀는 이런 능력을 폭넓게 활용한다. 즉 '중국경제

론'은 한국어, '중국경제 특강'과 '중국경제 실무'는 중국어, '거시경제론'
은 영어로 각각 강의하고 있다.

"앞으로도 중국경제가 개혁개방 이후 어떤 길을 걸어왔고 어디로 갈
것인가에 관심을 두고 연구하고 싶습니다. 특히 경제성장과 소득 불균
형의 관계를 파고들 생각이에요. 중국은 도시와 농촌, 성 간의 소득 격
차가 매우 크거든요. 이를 완화하려고 저소득층에 대한 교육이나 의료
혜택 등을 늘리려고 하는데, 기득권층은 반발하고 있죠. 다른 개발도상
국들도 중국을 모델로 삼아 경제개발을 추진하고 있는 만큼 중요한 문
제입니다. 한중 경제협력에 관한 연구도 특별히 주목하는 분야입니다.
요즘에는 중국 소비시장이 내륙의 도시와 농촌으로 확산하고 있지요.
한중 무역의 경향이 어떤 품목과 업종으로 옮겨가는지 주의 깊게 살펴
보고 있습니다."

▌한중 경제협력 상징 도시 인천은 내 운명

김 교수는 한국과 중국 경제를 어떻게 전망하는지, 또 양국의 경제협
력 관계를 어떻게 내다보는지 궁금했다.

"한국과 중국은 물론 전 세계적으로 경제 패러다임이 변화하는 것에
맞춰 능동적으로 대응해야 해요. 2008년 금융위기 이후 선진국뿐 아
니라 신흥국들도 저성장, 저금리, 고실업률을 겪는 이른바 뉴노멀(New
Normal) 시대로 접어들었습니다. 중국도 예전과 같은 고도성장은 기대
할 수 없죠. 한국에서 볼 때 임금이나 토지 비용이 상승하고 환경 규제
도 강화되고 있어 가공무역 기지로서의 활용도도 줄었습니다. 대신 내

륙의 소득이 증가하며 소비시장으로서의 가치는 높아졌죠. 이제는 한국에 대한 중국의 투자가 한국의 중국 투자를 앞질렀습니다. 한국에 투자하는 중국인들의 관심 분야는 부동산, 금융, IT, 엔터테인먼트 등으로 옮아가고 있습니다. 일부 불안 요소가 없는 것은 아니지만 전반적으로 한중 간의 경제협력 관계는 안정적으로 발전할 겁니다.”

그녀의 근무처가 있는 항도 인천은 근세 이후 중국인의 한국 이주사와 한국인의 해외 이민사의 시발점이었다. 인천이 개항되자 가까운 산동반도 사람들은 청나라 조계지인 이곳에 둥지를 틀었고, 새로운 터전을 찾는 조선인들은 여기서 이민선을 타고 미국 하와이 사탕수수밭이나 멕시코 애니깽(용설란) 농장으로 향했다. 인천 중구 선린동에 차이나타운이 들어서고 중구 북성동에 한국이민사박물관이 세워진 것도 이런 연유에서다.

부용 씨는 국적은 중국이고 핏줄은 한국계인 조선족 3세다. 한국과 중국의 경계인으로 살아온 그녀가 중국으로 향하는 한국의 관문에서 한중 경제교류를 연구하고 양국 간의 가교 구실을 해낼 인재를 길러낸다는 것은 매우 뜻깊은 일이다.

조금 거창하지만, 인천의 역사적·지리적 의미와 조선족 정체성의 상관관계에 관해 어떻게 생각하는지 물었다. 김 교수는 잠시 골똘히 생각하다 이렇게 말문을 연다.

“처음에는 저도 인천이 그렇게 의미가 깊은 곳인지 몰랐어요. 부임한 지 오래되지 않아 차이나타운도 아직 못 가봤어요. 이민사박물관도 있다는 얘기만 들었고요. 2015년 발효된 한중 FTA(자유무역협정)에 따라 양국은 인천과 산동성 위해를 시범협력 지역으로 정해 비과세 등 여러

호혜 조치를 해주고 있지요. 한중 경제협력의 상징과도 같은 도시에서 일하고 있다는 게 제겐 운명 같다는 생각도 드네요."

▌조선족 청소년들이여, 자기 삶은 스스로 개척하라

이제 햇수로 16년째로 접어든다는 한국 생활. 조선족 3세로서 모국의 동포들에게 하고 싶은 말은 없을까.

"한국이 좀 더 글로벌화 됐으면 좋겠어요."

"조선족, 한국계, 중국인이라는 혈통이나 국적보다 세계인으로서의 정체성에 더 충실할 필요가 있다는 거죠?"

"그렇죠. 저도 주변인으로 살다가 북경에 가니 적잖이 소외감을 느꼈어요. 그래도 중국은 다민족을 포용하려는 태도가 있다고 느꼈는데, 한국은 단일민족 국가여서 그런지 외국인들을 배척한다는 인상을 많이 받

았거든요. 한 핏줄인 탈북민이나 조선족 동포에 대해서까지 편견을 갖고 있다면 동남아 노동자들을 어떻게 보듬을 수 있겠어요. 이주노동자나 조선족의 범죄가 일어나면 해당 집단이 문제가 있는 것처럼 몰아가려는 태도도 바뀌었으면 좋겠어요."

마지막으로 성공한 조선

족으로서 한국에 사는 조선족 청소년들에게 한마디 해달라고 청했다.

"피할 수 없다면 즐기라는 말이 있죠. 환경에 적응하기 힘들다고 해서 자기 삶을 개척하려는 노력을 포기해서는 안 됩니다. 중국과 한국의 문화에 익숙하고 이중언어를 안다는 게 장점이라지만 둘 다 제대로 하지 못하면 경쟁우위를 누릴 수 없을 뿐만 아니라 양쪽에서 다 소외당하기 십상입니다. 어디에 있든 자기 삶은 스스로 개척한다는 마음가짐을 잃지 말아야 합니다."

힘들수록 스스로 자기 삶을 개척하려는 마음가짐을 잃지 말라는 그녀의 야무진 당부는 비단 조선족 청소년들에게만 해당하는 건 아닐 것이다. 경제는 어렵지 않을 때가 없었고, 삶과 현실이 아무리 고달파도 일체유심조라, 모두 마음먹기에 달렸으니까. ▮

강광문

조선족 3세. 43세. 중국 북경대 졸업. 일본 도쿄대 박사. 현 서울대 법학전문대학원(로스쿨) 교수.
재한조선족유학생네트워크(KCN)에 관여하며 계간지 '맥(脈)' 발행에 참여하고 있다. 저서로
예동근 부경대 교수 등과 함께 펴낸 국내 거주 조선족 3세 12명의 이야기를 담은 「조선족 3세
들의 서울 이야기」가 있다.

나는 누구인가?

조선족은 한국 사회의 성숙도를 가늠하는 리트머스 시험지입니다.
한국이 아시아의 모범 국가가 되려면 자기보다 못산다고, 생김새가 다르다고,
우리말을 못한다고 무시하는 태도를 하루빨리 버려야 합니다.

1993년. 길림성 중부의 작은 도시 매하구가 모처럼 떠들썩하다. 큼지막한 축하 플래카드가 걸리고, 마을 사람들은 돼지를 잡고 푸짐하게 음식을 준비해서 잔치를 연다. 이 마을에 사는 조선족 학생이 길림성 대입시험에서 문과 수석을 차지한 것을 축하하기 위해서이다. 장춘이나 길림처럼 대도시도 아니고, 연길처럼 조선족이 많은 곳도 아니어서 마을 사람들의 기쁨과 놀라움은 더 컸다. 주인공은 현재 서울대 법학전문대학원(로스쿨) 부교수인 강광문 씨다.

▌역경 속에 핀 화려한 이력들

길림성 대입시험 문과 수석은 시작에 불과했다. 이후 그는 중국 북경대를 졸업하고, 일본 도쿄대에서 박사학위를 딴 뒤 서울대 교수에까지 오른다. 동양 3국의 최고 명문 대학을 모두 거친 수재 중의 수재가 아닐 수 없다.

이런 화려한 이력으로 미루어 대부분 사람들은 그가 줄곧 성공가도만 달려왔을 것으로 지레짐작하고 질투 섞인 선망의 시선을 감추지 못한다. 그러니 중국 길림성의 소도시에서 빈농의 아들로 자란 조선족 출신이라는 사실을 알고 나면 그가 겪었을 신산한 역경을 떠올리며 경외심마저 품게 된다.

조선족이라는 소수민족으로서의 한계, 가난하고 어려운 환경 속에서 그는 어떻게 동양 3국의 명문대를 두루 거친 후 한국 최고 대학 교수의 자리에까지 오르게 됐을까.

녹음이 한창 짙어가는 6월, 서울 관악구 신림동 서울대 법학관 연구실에서 만난 그는 겸손하면서도 담담한 어조로 자신의 이력과 조선족으로서의 한국 생활을 털어놓는다.

"제가 특별히 머리가 좋다고 생각지는 않습니다. 남보다 엄청나게 노력한 것도 아니고. 다만 어릴 때부터 책 읽는 걸 좋아했어요. 주로 철학이나 역사 쪽이었죠. 지금도 남보다 재능이 뛰어나다기보다는 그저 공부가 좋아서 계속하는 거죠."

조선족 1세대인 조부모나 부모의 교육 방식이 그에게 지대한 영향을 미쳤을까. 그들의 교육 방식은 어땠을까.

"부모님은 자식들의 공부에 대해 방임주의를 택했던 거 같아요. 어떠한 간섭이나 압력을 주지 않고, 저희들이 하는 대로 두었죠. 사실 당시 시골에서 관련 정보도 많지 않고. 부모님도 잘 모르시는 부분이 많아서요. 다만, 저희 아버지께서 주위 분들과 달리 정치 경제, 사회 문제에 비교적 관심이 많았고, 어릴 때부터 신문을 정기적으로 구독했어요. 당시 시골에선 보기 드문 일이었죠. 그로 인해 저희는 어릴 때부터 신문과

잡지를 읽는 습관을 키우게 되고, 사회문제에도 많은 관심을 가졌어요. 돌이켜 보면 이런 독서의 습관이 제 인생에 결정적 영향을 미쳤던 거 같아요. 참, 한 가지 더 있다면 할아버지의 교육에 대한 남다른 집념이었어요. 어려서 할아버지는 문화 지식을 배우는 게 얼마나 중요한지 종종 설교하셨죠. 할아버지의 고집과 가치관이 지식과 교육을 중요시하는 가풍을 형성하도록 했죠."

▌남다른 독서 습관

그의 할아버지는 경북 안동, 할머니는 경북 영천 출신이다. 두 분은 일제강점기 각각 만주로 이주해 그곳에서 짝을 이루었다. 당시 조부모는 먹고살기가 너무 힘들어 길림성과 요녕성을 옮겨 다니며 번번이 새로 땅을 갈았다고 한다. 그렇게 끝없는 유랑 속에서 자식 8남매가 모두 다른 곳에서 태어났다고.

보다 나은 삶의 질을 추구하는 것은 모든 사람의 공통된 욕망이며 목표일 것이다. 그의 조부모도 그랬다. 이민과 여덟 번의 이사라는 고난의 행군 속에서 새 운명을 개척하고 보다 풍요로운 삶을 추구하기 위해 그들이 가장 중요시한 것은 자녀교육이었다. 교육만이 농촌의 고달픈 삶에서 이들을 탈출시켜 줄 거라고 믿었던 것이다. 그리고 그들은 이를 훌륭히 해냈다.

조부모처럼 아버지와 어머니 역시 농사를 지으면서도 남다른 교육 철학으로 3남매를 키웠다. 아버지는 농번기가 끝나기 무섭게 건설 현장으로 달려갔다. 자식들의 학비 때문이었다. 덕분에 어려운 여건 속에서도 3남매는 모두 최고 학부까지 마칠 수 있었다. 남동생은 명문 청화대를 나와 북경에서 공무원을 하고 있고, 누나 역시 대학을 나와 공무원으로 일하고 있다.

▌조선족의 정체성은 경계인 · 디아스포라

북경대 국제정치학과 시절 30명 정원 중 그는 유일한 소수민족이었다. 고향의 조선족학교에서는 느끼지 못하던 콤플렉스를 경험해야 했고, 정체성 고민에 빠지기도 했다.

"중국의 대학이나 공식적인 공간에서 소수민족에 대한 차별은 크게 없어요. 스스로 갖는 콤플렉스였죠. 시골 촌놈이 북경이라는 대도시에 갔으니, 소외감을 느낄 수밖에요. 그때까지 제가 배운 지식과 정보량이 턱없이 부족하다는 걸 많이 느꼈죠.

대학에 들어가서 대체로 중국 코리안들이 겪는 과정을 저도 겪었죠. 다른 중국인들과 내가 많이 다르구나, 라는 걸 의식하기 시작한 거죠. 한국문화를 접하면서 정체성 혼란을 겪었던 시기이기도 했고요. 나는 어디서 왔고, 뿌리는 어딘지, 조상들이 살아온 한국은 어떤 나라인지, 한국은 우리에게 무엇인지, 생각이 많았어요. 한민족과 중국인 사이에 갈등이 생기기도 했고…"

"정체성에 대해 고민이 많았군요. 지금은 답을 찾았나요?"

"글쎄요. 그저 제 개인적으로는 경계인이나 중첩적인 정체성, 디아스포라[1] 정도로 정리했어요."

---

1 '흩뿌리거나 퍼트리는 것'을 뜻하는 그리스어에서 유래한 말. 특정 인종 집단이 자의적이든지 타의적이든지 기존에 살던 땅을 떠나 다른 지역으로 이동하는 현상을 일컫는다.

▌ 모든 공부는 고독과의 싸움

그가 대학을 다니던 1990년대 중반은 중국이 본격적으로 사회주의 시장경제를 추진하고 있을 때다. 대학은 그가 상상했던 것보다 훨씬 낙후되어 있었고, 정신적으로 빈약했다. 대학입시 지옥에서 해방되어 학문과 사상의 전당으로 인도할 것으로 여겨지던 대학, 그것도 중국 최고 학부로 공인받은 북경대에 들어갔지만 정작 젊은 혈기를 쏟을 곳은 없었다.

졸업할 무렵 그나마 열정의 탈출구는 유학을 위해서든 대학원 진학을 위해서든 '다시 공부'였다. 대학을 졸업한 후 중국정법대 석사과정을 다니며 변호사 자격증과 법학석사 학위를 땄다. 그리고 졸업 직전부터 1년 반가량 로펌에서 일한 후 다시 2000년 12월 다시 도쿄대 법학정치학연구과에 외국인 연구생으로 입학한다. 도쿄는 그에게 새로운 무대였다.

"한마디로 고독과의 싸움이자 나 자신과의 싸움의 연속이었죠. 전 종종 도쿄가 무섭다는 생각이 들어요. 보이지 않는 힘으로 우리를 겸손하게 변화시키거든요. 비 내리는 도쿄 거리를 바라보고 있으면 제 자신이 끝없이 작아지는 걸 느끼곤 했어요. 이런 정서적인 느낌 말고도, 아무튼 제겐 일본 유학 시절이 가장 힘들었어요. 환경도 다르고 말도 익숙지 않았으니까. 변호사 시절 모은 돈을 갖고 갔는데, 당시에는 두 나라의 임금이나 물가 차이가 워낙 커 금세 바닥이 났지요. 장학금을 받기는 했지만 통번역 일을 하고 편의점에서 아르바이트도 하며 학비와 생활비를 벌었습니다."

자연히 수학 기간이 길어질 수밖에 없었다. 도쿄대에서 법학석사 학위를 다시 딴 후 마침내 2010년 박사모를 쓰게 된다. 무려 10여 년의 세월이었다.

그의 전공은 헌법학. 그중에서도 헌법사와 법철학에 관심이 많다. 박사 논문은 일본과 독일의 헌법을 비교 연구한 것이다.

도쿄대에서 연구원으로 박사후과정을 보내던 그에게 서울대에서 제의가 온다. 중국과 일본의 법률을 함께 강의할 사람을 찾는다는 것. 선배의 권유로 지원서를 냈고, 2011년 초 조교수로 임용된다. 서울대에서 중국동포가 임용된 것은 2009년 임용된 융합과학기술대학원 나노융합학과의 박원철(46) 교수에 이어 두 번째이고 인문사회계에선 처음이다.

"한국에서 일자리를 얻을 거라곤 생각지 못했어요. 선조의 고향이라 친근감은 느끼고 있었지만 잘 적응할 수 있을지 걱정도 됐고요. 그러면서도 중국과 일본을 어느 정도 이해하는 제가 한국에서 교수로 일한다면 시야가 넓어지고 기회도 많아질 것으로 기대하긴 했지요. 헌법과 법제사는 한국어로 강의하고 중국법과 일본법은 각각 중국어와 일본어로 가르칩니다."

▌재능 많고 명석한 조선족, 한국적 인재로 키워야

강 교수는 전형적이면서 대표적인 조선족 3세다. 1세는 일제강점기 때 건너간 조선인이고, 2세는 1949년 중화인민공화국 수립 후 태어난 조선족 중국인이다. 3세는 문화대혁명(1966~1969년)을 겪지 않은 이른

유학생활은 한마디로
고독과의 싸움이자
자신과의 싸움의 연속이었다고
말하는 강광문 교수

바 '70후(後)' 이후 세대로 개혁 개방의 물결과 함께 자라 이념의 틀에서 비교적 자유롭고 국제 감각도 지녔다.

1992년 한중 수교 이후 우리나라로 쏟아져 들어온 조선족은 대부분 2세였다. 남자들은 공장이나 건설 현장에서 단순 노무자로, 여자들은 식당 종업원 · 가사도우미 · 간병인 등으로 일하며 악착같이 돈을 모았다.

하지만 국내 조선족 사회에도 이제 세대교체가 이뤄지면서 변화의 바람이 불고 있다. 고학력 엘리트들이 늘어나 전문직에도 활발히 진출하고 있는 것이다. 강 교수는 그 변화의 중심에 서 있다.

“모국의 동포들은 여전히 우리를 정형화된 시선으로만 바라보고 있는 듯해요. 이건 대부분 2세에 의해 틀지어진 거죠. 3세들은 이중언어와 다문화라는 장점을 최대한 살려 각계에서 눈부신 성취를 거두고 있어요. 특히 관광업이나 화장품 판매 등의 분야에서는 상당한 부를 축적하기도 했고요. 지금도 북한을 대상으로 사업하는 조선족이 적지 않지만 남북 교류의 물꼬가 트이면 조선족 3세들이 시장을 선점할 거라고 봅니다.”

강 교수는 한국이 자본주의 시스템을 먼저 배워 중국보다 앞서 경제발전을 이룩하기는 했으나 지금은 중국의 성장 속도가 빨라 여러 분야에서 역전 현상을 보인다고 지적한다. 특히 조선족 3세들은 한민족의 DNA를 지니고 있으면서도 중국인 기질이 더해져 사업이나 장사에 탁월한 재능을 보인다는 것이다. 맞는 말이다. 본 책에도 사업적으로 탁월한 수완을 발휘해 엄청난 부와 명성을 이룬 조선족 사업가들이 많이 소개되었다.

그런데도 여전히 많은 한국 사람이 조선족을 멸시하는 고정화된 시선에서 벗어나지 못하고 있는 게 사실이다. 최근에는 반다문화 정서까지 더해져 중국동포들은 이래저래 고충이 많다. 그는 다른 나라들에 비해 이방인에 대한 편견이 특히 심한 한국과 한국 사람들에게 하고 싶은 말이 많은 듯하다. 선조의 나라, 자신의 자식들이 살아갈 나라에 대한 염려와 사랑이다.

“한국은 제국의 경험이 없어요. 굳이 따지자면 1105년 고려가 탐라국(제주도)을 복속시킨 정도지요. 일본은 지난 세기 다른 나라를 침략해 이민족을 다스려본 적이 있습니다. 중국은 수천 년 동안 이민족에게 공격받고 이들을 지배하며 제국을 경영해 왔지요. 한국은 단일민족이란 이름 아래 균일한 구성원으로 이뤄져 있지요. 이 때문에 이질적인 집단과 어울려 살아가는 법을 모르고 사회 시스템의 탄력성이 약합니다.”

▌아시아 모범 국가로 약자 품는 넉넉함 있어야

그는 외국인 범죄가 일어날 때 집단 전체를 겨냥해 반감을 드러내거나 비난을 퍼부으면 안 된다고도 경고한다. 범죄는 어느 사회에서나 존재하는데 제대로 대처하지 못하면 집단 간의 갈등으로 번져 수습하기 어려워진다는 것이다.

흔히 ‘조선족 사투리’로 연상되는 보이스피싱도 조선족에게만 화살을 겨눌 것이 아니라 허술한 금융 시스템을 보완하는 계기로 삼아야 한다는 게 그의 주장이다. 물론 그렇다고 범죄 집단을 두둔하거나 피해자들의 슬픔을 도외시하려는 것은 아니라는 부언과 함께.

“한국은 같은 핏줄인 조선족과 어울려 사는 법을 익히면서 다문화 사회로 순조롭게 이행하고 글로벌 국가로 도약해야 합니다. 한국인은 중국, 미국 등 강대국에 대한 사대의식을 지닌 적이 있다는 사실을 부인하지 못합니다. 이제는 한국보다 못사는 나라 사람이 한국으로 몰려오니 이들을 낮잡아 보는 경향이 있습니다. 탈북자에 대해서도 마찬가지입니다. 탈북자도 포용하지 못하는데 통일 이후 어떻게 남북이 어울려 살 수 있겠습니까. 조선족은 한국 사회의 성숙도를 가늠하는 리트머스 시험지입니다. 한국이 아시아의 모범 국가가 되려면 자기보다 못산다고, 생김새가 다르다고, 우리말을 못한다고 무시하는 태도를 하루빨리 버려야 합니다."

그의 말은 시종 힘이 있고 따끔하다. 하지만 그 안에는 한국에 대한 무한한 애정이 녹아 있다. 더불어 그는 한국에 와 있는 조선족 동포에 대한 충고도 잊지 않는다.

"한국 사회의 관행과 질서를 존중하고 공존하려는 태도를 지녀야 해요. 지금은 돈 벌기 바빠 여유가 없다며 시민의식을 등한시하면 여전히 주변인으로 남게 됩니다. 또 각자 실력을 키우고 어떤 일을 하든지 성실한 태도로 임해야 주변의 인정을 받을 수 있어요."

"교수로서, 선배로서, 조선족 학생들에게 들려주고 싶은 말이 있을 거 같은데요."

"이중언어에 능통하다는 건 엄청난 자산이에요. 저는 한국어, 중국어, 일본어를 다 구사하지만 일본어에는 익숙지 못해요. 어릴 때 자라면서 익힌 모국어와 철들고 난 뒤 배운 외국어는 다르거든요. 또 양국의 문화와 관습에 익숙한 것도 큰 장점이지요. 다른 사람보다 더 많은 눈으로 세상을 바라볼 수 있으니까. 학생들에게 '지금은 한민족이면서도 중국인인 경계인의 처지를 불우하게 여길지 모르나 나이 들어 보면 내 말이 맞았다는 것을 깨닫게 될 것'이라고 늘 말합니다."

강 교수는 마지막으로 일본 유학 시절의 이야기를 들려준다.

"가난한 주머니 사정으로 장기간의 유학생활은 분명 고달프고 외로운 일이었지요. 하지만 저는 그때 저 자신을 무척 행운아라고 생각했어요. 유학할 수 있고, 내가 하고 싶은 공부를 계속 할 수 있었으니까. 그리고 힘들 때면 저 자신에게 끊임없이 얘기했어요. 지금의 모든 것에, 주어진 모든 것에 감사해야 한다고…"

경계인, 이방인, 디아스포라… 등으로 스스로를 규정하며 중국과 한
국에서 치열하게 살아가고 있는 자신의 동류에게 그가 전하는 조용하
고, 그러나 묵직한 그의 말이 왜 나를 더 흔드는지. ▌지 않는 매화처럼

권덕문

조선족 3세. 34세. 중국 흑룡강성 오상시에서 태어났으며, 5세 때 부모를 따라 길림성
연변조선족자치주 연길로 이사했다. 북경공업대 졸업 후 서울대로 유학 오면서 한국에 정착했다.
현재 신영증권 책임운영역(과장)으로 근무 중이다.

1%와 99%

영화 '암살'을 재미있게 봤어요.
사실은 제 외할아버지의 얘기와 비슷해요.
영화에서는 "만주에 사는 우리 사람들은 집이 망가져 비가 새도
수리하지 않고 그냥 산다. 독립이 되면 금방 돌아갈 텐데 그까짓 것
뭐 하러 고치냐?"라는 대사도 등장하죠.
영화를 보는 내내 할아버지를 비롯한 선조들의 고달픈 인생이 생각나
마음이 아팠어요.

'한국의 맨해튼'으로 불리는 서울 여의도 증권가. 고층빌딩의 숲, 그 숲 어딘가 눈이 팽팽 돌아갈 정도로 숫자가 빽빽이 적힌 시세표와 각종 시황을 나타내는 꺾은선그래프를 보고 있는 한 청년이 있다. 신영증권 책임운영역(과장)으로 근무하고 있는 권덕문 씨다.

모습도, 하는 일도 여의도의 여느 증권맨과 다를 바 없다. 하지만 그는 '다르다'. 겉으로 봐선 그저 핸섬한 한국의 한 청년인데, 사람들은 그를 조선족이라 부른다.

▌ 증권사 주식운용 담당하는 최초이자 유일한 조선족

'자본주의의 꽃'이라는 증권업계와 사회주의 국가인 중국 변방 출신 조선족의 조합이 다소 어색해 보인다. 하지만 그는 이미 이곳 생활 11

한국의 '맨해튼'이라 불리는 여의도 증권가

년째를 맞는 어엿한 증권맨이다. 근무 중인 증권사 사무실 앞에서 만난 그는 훤칠한 외모에 옷차림도 단정하고 세련됐다. 미리 알지 못했다면 한국에서 나고 자란 사람으로 착각할 만하다.

"회사에서 제가 중국 사람이라는 걸 모르는 분이 많아요. 말을 주고 받다 보면 사투리가 섞여 있어 조선족이 아니냐고 물어봅니다. 처음 왔을 때는 지금보다 훨씬 어수룩해 보였을 겁니다. 또 학생 시절 중국에서 왔다고 하면 '먼 데서 와서 힘든 일 하느라 고생이 많다.'며 측은한 눈길로 바라보기 일쑤였죠."

"조선족이라는 사실을 숨기려 한 적이 있나요? 혹시 물어보기 전에는 조선족처럼 보이지 않으려고 한 적도 있습니까?"

"말을 하면 조선족이라는 티가 나서 숨길 순 없었어요. 또 숨길 필요도 없고요. 내 존재를 부정하게 되는 꼴이잖아요. 그렇게 하긴 싫었거든요. 사실은, 조선족이니 중국 사람이니 이 문제에 대해서 그렇게 심각하게 생각해 본 적도 없어요.”

“측은한 눈길로 바라보기 일쑤였다는데, 그 눈길이 언짢거나 서운하게 느껴진 적은 없나요?”

“전통시장에 가서 물건 살 때 그런 적이 있었는데 전혀 언짢거나 서운하진 않았어요. 일단 악의가 없었고 측은하게 바라보는데 언짢게 느낄 필요는 없잖아요. 질문의 답은 아니지만, 살아가면서 어떤 때는 내 능력보다 훨씬 더 높게 인정받을 때도 있었고 저평가 받을 때도 있었죠. 그런데 살아온 날들을 생각해 보니 거의 내 실력과 비슷하게 맞아떨어지더라고요.”

중국동포 가운데 국내 증권업계에서 애널리스트는 일부 있지만 주식운용을 담당하는 사람은 그가 사실상 처음이다. 그는 2007년 12월 입사한 이래 고객자산운용부에서 같은 일을 해오고 있다.

▌넓은 세상 보라, 부모 권유로 서울대로 유학

덕문 씨는 할아버지와 할머니가 일제강점기 때 만주로 이주한 전형적인 조선족 3세다. 외할아버지는 1930년대 항일운동을 하러 만주로 떠났다가 고향에 남겨둔 처자식과 생이별하고 그곳에서 다시 결혼했다고 한다.

“영화 ‘암살’을 재미있게 봤어요. 거기서 여주인공 안옥윤 역을 맡은 배우 전지현이 ‘난 만주로 돌아갈 거야’라고 말하는 대목이 나오는데, 저희 부장께서 ‘너희 할머니 얘기 아니냐’고 제게 농담 삼아 묻더군요. 사실은 제 외할아버지의 얘기와 비슷해요. 영화에서는 '만주에 사는 우리 사람들은 집이 망가져 비가 새도 수리하지 않고 그냥 산다. 독립이 되면 금방 돌아갈 텐데 그까짓 것 뭐 하러 고치냐?'라는 대사도 등장하죠. 외할아버지는 너무 일찍 돌아가셔서 얼굴도 뵙지 못했는데, 그분을 포함한 선조들의 고달픈 인생이 생각나 마음이 많이 아팠어요."

흑룡강성 하얼빈 근교 오상시에서 태어난 덕문 씨는 5세 때 부모를 따라 길림성 연변조선족자치주 연길로 옮겨 그곳에서 초중고교를 다녔다. 남들보다 2년 일찍 초등학교에 들어갔는데도 공부를 잘해 칭찬을 많이 받았고, 체격도 또래보다 커 별걱정이 없었단다.

어릴 적 물리학에 취미를 붙였다가 나중에는 사업가에 뜻을 두고 북경공업대로 진학해 경영학을 전공했다. 졸업 무렵에는 부모의 제안을 받아들여 서울 유학을 결심하게 된다.

"대학 4학년 때 인턴으로 일하던 북경전력공사에서 저를 마음에 들어 했어요. 그때는 뭐든 잘할 수 있다는 자신감이 있어 입사하려고 했죠. 그러나 대학교수로 일하던 부모님께서 보시기에는 많이 부족해 보였나 봐요. 늘 저보고 '산 넘어 산이 있고, 사람 밖에 사람이 있다'고 하셨는데, 이전까지는 그 의미를 몰랐죠. 더 넓은 세상을 보라는 권유에 따라 고민 끝에 서울대 경영대학원에 지원했는데, 운 좋게 합격했습니다."

▌ 외조부 고향이건만 마주치는 모든 게 낯설어

2005년 9월. 덕문 씨의 서울 생활이 시작됐다. 독립군이었던 외할아버지의 고향인데, 다가오는, 마주치는 모든 게 낯설었다. 문화와 관습도 다르고, 같은 말을 쓰는데도 뉘앙스에 차이가 많아 오해도 적잖이 샀다. 한동안 남들 눈에 어떻게 비칠지 몰라 주변의 눈치만 살폈다. 그럴수록 공부에 더 몰두했다. 도서관에서 밤늦게까지 공부하다가 새벽을 맞는 일도 잦았다.

"기자 생활을 하셨던 분과 프로젝트를 함께하던 중에 '기자질 하기가 어땠냐'고 물었다가 한동안 사이가 불편한 적이 있었죠. 한국에서는 도둑질처럼 주로 나쁜 뜻에 '질'이라는 말을 붙인다는 걸 나중에 알았어요. 오해를 사다 보니 말을 더 조심하게 되고 행동도 위축되더라고요."

"기자질 맞는데…(웃음) 문화와 관습 차이로 겪었던 에피소드가 있다면 몇 가지 더 말씀해 주시지요."

"후에는 경솔했던 제 자신에 대해서 반성하고 항상 주변 관찰에 노력을 해서 크게 실수했던 적은 없었던 거 같아요. '로마에 와서는 로마법을 따르라'고 하듯, 다 저의 실수라고 생각합니다."

덕문 씨가 한국 생활을 익히는 데 보탬이 된 것은 동아리 활동과 아르바이트였다고 한다. 뭔가 동료와 어울리는 일을 해봐야겠다는 생각에 경영대학원의 DBM(Database Marketing)연구회에 들어갔다가 덜컥 부회장이 됐다. 외국인 회원은 혼자였는데 성실한 태도가 돋보였던 것이다. 여기서 덕문 씨는 한국적 인간관계를 많이 배울 수 있었다고 한다. 중국적 인간관계와 어떻게 다른지 궁금했다.

"문화가 좀 다를 뿐이지 큰 차이는 없다고 생각합니다. 문화를 이해하기 위해 항상 다른 사람의 입장에서 생각하려고 노력했지요. 그때의 노력들이 인생을 살아가는 데 도움이 많이 된 거 같아요. 사실 사람과 사람 사이의 관계의 핵심은 관계 자체를 통한 정서적 유대감이겠지요. 충분한 정서적 유대감만 있다면 어느 나라 사람들과도 관계를 잘 맺을 수 있다고 생각합니다."

공부하느라 여념이 없는 가운데서도 부모님께 신세지지 않으려고 아르바이트도 닥치는 대로 했다고 한다. 번역이나 통역은 물론 인턴 생활도 하고 중국기업 취업 희망자를 대상으로 면접 코치도 했다. 그러다가 자신의 적성에는 금융이나 컨설팅 쪽이 맞는다는 사실을 깨달았단다. 마침맞게 신영증권에서 중국 전문가로 키울 사람을 뽑는다고 해서 지원하게 됐다고.

"채용이 결정돼 2007년 12월부터 일하다가 비자 문제 때문에 정식 입사는 이듬해 2월에야 이뤄졌지요. 유학생(D-2)비자에서 외국인취업(E-7)비자로 바꾸기 위해 금융감독원의 면접을 보는데 '한국 청년들도 일자리가 없는데 왜 외국 사람을 취업시켜야 하느냐'고 물어 당황했던 기억이 납니다."

지금은 2012년 도입된 재외동포(F-4) 비자를 갖고 있어 갱신만 하면 제한 없이 체류할 수 있게 됐다. 직장에서도 뛰어난 주식운용 실적으로 주변의 부러움을 사고 있다. 2년 전에는 여의도 중국인 모임에서 만난 한족 출신의 LG화학 여직원과 결혼도 했다.

"회사도 저를 가족처럼 대해주고 도시 생활이 쾌적하고 편리해 만족스럽습니다. 당초 2~3년 있다가 돌아갈 생각이었는데 눌러앉게 됐네요. 술 담배도 하지 않고 돌아다니기도 좋아하지 않는 성격입니다. 사는 곳도 지금까지 서울대 근처를 벗어나 본 적이 없어요. 대신 운동은 좋아해서 축구나 농구를 즐기고, 요즘은 집 근처 체육관에서 복싱을 합니다."

▌한국 99% 같아도 1% 다르면 차별,
   중국 99%가 달라도 1%만 같으면 동질성 내세워

그렇다고 그가 한국 생활에 불만이 없는 것은 아니다. 특히 인터넷 사이트에 가입할 때 가장 번거롭다고. 주민등록번호를 입력하라고 하는데 외국인은 뒷자리가 5나 6으로 시작돼 거부당하기 일쑤라는 것이다. 투자자산운용사(펀드매니저) 자격증 시험을 보기 위해 인터넷 동영상 사이트에 가입하려고 했다가 결국 실패해 사이트 회사를 직접 찾아가기도 했단다.

그것 말고도 한국이 글로벌 국가로 한 발짝 더 나아가려면 외국인, 다문화 자녀, 재외동포 등을 자꾸 구분하려는 태도에서 벗어나야 한다고 그는 조언한다.

"2006년 정부 관련 기관이 각국 재외동포를 초청해 펼치는 답사 프로그램에 참여한 적이 있어요. 말도 잘 통하지 않고 문화도 각기 달랐는데, 오히려 다 같은 동포라는 공통점을 발견해 교감할 수 있었지요. 제가 회사 주선으로 한 달 반 동안 연수 생활을 한 미국 뉴욕의 헤지펀드 회사에서도 국적이나 민족을 따지지 않더군요. 한국 사람들은 99%가 같아도 1%만 다르면 차별한다고 합니다. 중국은 99%가 달라도 1%만 같으면 동질성을 내세우거든요. 국적이나 민족보다 정서적 유대감이 소통에는 더 중요하다고 생각합니다."

그의 말은 차분하면서도 매번 정곡을 찌른다.

▍남과 같아선 남을 앞설 수 없어

중국이나 한국의 조선족 청소년들에게 귀감이 될 만한 이야기도 들려달라고 했다. 그는 아직 그런 위치에 오르지 못했다고 손사래를 치면서도 자존감을 잃지 말고 그것을 뒷받침할 만한 노력을 게을리하지 말라고 당부했다.

"남과 같아서는 남을 앞설 수 없습니다. 자기만의 통찰력과 일관성을 지녀야죠. 그러려면 사고의 폭을 넓혀야 합니다. 제가 일하는 분야에서도 한 가지 시각만 가져서는 제대로 판단할 수 없습니다. 한국과 중국의 입장에서 바라보고 구글링을 통해 다른 나라에서는 어떻게 보는지 따진 뒤 최종 판단을 내립니다. 그런 점에서 이중언어와 이중문화라는 장점을 잘 살리는 게 중요합니다."

투자자에게도 좋은 정보나 요긴한 도움말을 부탁했다.

"개인투자는 권하지 않습니다. 어차피 투자전문회사보다 정보를 빨리 알 수 없는 만큼 주가의 등락에 일희일비하지 말고 길게 봐야 합니다."

"앞으로 한국과 중국의 증시 전망은 어떻습니까?"

"둘 다 그리 밝지 않지만 그 가운데서도 좋은 기업이 있으니 이를 발굴하는 게 관건입니다."

그는 겨우 서른넷이다. 외모도 사고도 참 젊고 글로벌하다. 이런 그에게 조선족이다, 중국인이다, 한국인이다, 그런 구분은 애초부터 무의미해 보인다. 이 겉과 속이 모두 세련된 신세대의 눈에는 그래서 1%의 다름을 용납하지 못하는 한국이 내심 답답할 것이다. 한국이 글로벌 사회로 한 걸음 더 나아가려면 외국인, 다문화 자녀, 재외동포 등을 자꾸 구분하려는 태도에서 벗어나야 한다는 그의 말에 진중히 귀 기울여야 하는 이유다. ■

박인금

조선족 3세. 34세. 중국 길림성 출생. 길림대 경영학과를 졸업하고 서울대 대학원에서 경제학
석사를 취득했다. 신영증권 리서치어시스턴트(RA)로 입사했다가, 현재 NH투자증권 애널리스트로
일하고 있다.

버텨야 하는 이유

"

그만두고 싶었던 때가 없지 않았죠.
하지만 신기하게도 그럴 때마다 한국에 계속 있어야 할 이유가 생기더라고요.
버티다 보니 RA를 거쳐 애널리스트로 승진도 했고, 이직도 두 번 했고….
2012년엔 한국인 남편과 결혼해서 가정도 꾸렸어요.
지금 생각해보면 '아, 모든 게 인연이었나 보다' 싶어요.

"

여의도의 빽빽한 빌딩 숲 사이로 바쁜 걸음을 재촉하는 증권맨들. 그들 사이에는 조선족 출신 애널리스트도 있다.

박인금 NH투자증권 리서치본부 책임연구원이 그 주인공이다. 2017년 현재 여의도 입성 7년 차에 접어든다. 그녀는 어떤 계기로 한국에서 남자도 힘들다는 증권맨으로 살아가고 있는 걸까. 한국에 연고는 있는 걸까.

"글쎄요, 딱히 계획한 건 아닌데 어쩌다 보니 한국에 오고, 한국인 남편과 가정을 꾸리고, 그리고 여의도에서 일하고 있네요.(웃음) 운명론자는 아니지만, 지금 돌아보면 운명이라는 게 있는 것 같아요."

▌할머니의 나라

대부분의 조선족 출신 아이들이 조선족 학교에 다닌 것과 달리 인금 씨는 한족 학교에서 학창 시절을 보냈다. 그래서 한국인이나 한국어를 접할 기회가 거의 없었다.

그런 그녀가 처음으로 한국 땅을 밟은 것은 대학교 3학년 때. 길림대 경영학과에 다니다 2004년 고려대 교환학생으로 서울에 오게 된 것.

"어릴 때부터 막연하게나마 '한국에 가봐야겠다'는 생각은 했어요. 할머니의 나라가 어떤지 궁금하기도 하고, 한국 드라마를 보면서 관심도 많았거든요."

"한국에 대한 첫 소감은 어땠나요?"

"음, 물가가 무척 비싸더라고요.(웃음) 한국어를 배우는 것도 처음이라 무지 힘들었죠. 한글이 글자가 아니라 그림처럼 보일 정도였으니 말 다했죠. 경영학과 수업을 따라가려고 따로 시간을 내서 한국어 수업을 들었어요."

▎포기 대신 끈기

인금 씨는 1년간의 교환학생 생활을 마치고 일단은 중국으로 돌아갔다. 거기서 자타가 공인하는 '엘리트 코스'인 길림대 졸업장을 받고는 다시 한국행을 결심한다.

2007년 다시 한국에 온 인금 씨는 서울대 대학원에서 경제학 전공으로 석사 과정을 밟는다. 하지만 한국어도 잘 못하는 인금 씨에게 문화도 낯선 한국에서 대학원 공부를 한다는 건 '무모한 도전'에 가까웠다.

당시 대학원 동기들 중 인금 씨는 유일한 조선족이었고, 누구의 도움도 받을 수 있는 처지가 아니었다. 그저 혼자 외로이 좌충우돌 하며 견디는 수밖에 없었다. 그러나 그녀는 고비에 부딪힐 때마다 포기 대신 끈기를 택했다.

"실은 졸업을 3년 만에 했어요.(웃음) 논문 통과를 못 해서 한 학기 정도 늦었죠. 언어장벽이 너무 높았거든요. 도움을 청할 데도 없고… 고민 끝에 학교 게시판에 제 소개 글을 올렸더니 여기저기서 연락이 오는 거예요. 선뜻 스터디그룹에 넣어주겠다는 제안이었죠. 덕분에 선후배도 사귀고 한국 생활에 조금씩 적응하게 됐지요. 처음엔 친구도, 지인도 하나 없어 한국 생활에 대한 두려움이 컸거든요. 그 일로 한국에도 좋은 사람들이 많구나, 피부로 느끼게 됐죠."

▌서울대 대학원 졸업장으로도...

제법 사람도 사귀고, 높고 단단하게만 보이던 언어장벽도 차츰 허물면서, 드디어 대학원을 마쳤다. 얼추 한국생활에 적응했다고 생각했다. 그런데 이번엔 한국의 높디높은 취업 문턱과 마주해야 했다. 산 넘어 산이었다. 조선족인 인금 씨에게는 그 산이 더 높고 두렵게만 느껴졌다. 석사학위를 받고 10여 군데 지원서를 냈지만 면접은커녕 서류 전형부터 줄줄이 낙방이었다. 그렇다고 손 놓고 놀 수만은 없어서 '뭐라도 해야겠기에' 찾아간 곳이 서울 종로의 중국어 학원이었다. 그렇게 얼마간 중국어 강사 일을 했다.

그렇게 다섯 달쯤 지나자 드디어 전공을 살릴 기회가 찾아왔다. 신영증권에 자리가 난 것이다. 그녀는 리서치어시스턴트(RA)로 입사해 애널리스트가 되기 위한 첫발을 디뎠다. 2010년 10월이었다.

"당시엔 중국 시장에 대한 투자 수요가 크지 않았어요. 하지만 폭발적 성장을 점치는 투자자들이 많았죠. 중국 시장에 대한 투자 전략을 분석해 국내 투자자에게 알릴 애널리스트가 필요했고, 저로서는 중국에서 온 경제학 석사라는 게 유리하게 작용했죠. 그렇게 시작한 여의도 생활이 벌써 7년이 됐네요."

▌ 버텨야 하는 이유

새내기 RA의 하루는 녹록지 않았다. 날이면 날마다 새벽 별 보고 출근해서 밤별을 보고 퇴근했다. 서툰 한국어로 보고서를 쓰느라 남몰래 속앓이도 많이 했다. 한국 특유의 수직적 조직 문화도 인금 씨에겐 너무 낯설었다.

"힘들 땐 당장이라도 그만두고 중국으로 돌아가고 싶었을 거 같아요."

"그만두고 싶었던 때가 없지 않았죠. 하지만 신기하게도 그럴 때마다 한국에 계속 있어야 할 이유가 생기더라고요. 버티다 보니 RA를 거쳐 애널리스트로 승진도 했고, 이직도 두 번 했고… 2012년엔 한국인 남편과 결혼해서 가정도 꾸렸어요. 지금 생각해 보면 '아, 모든 게 인연이었나 보다' 싶어요."

"조직 문화가 중국과 많이 다른가요?"

"중국에서 회사 생활을 해본 건 아니지만, 음, 뭐랄까, 한국은 선후배 관계가 엄격한 것 같아요. 업무량도 많고, 야근을 자주 하는 것도 적응하기 힘들었어요. 하지만 지금은 익숙해졌어요."

인금 씨는 여의도 애널리스트 중에서 '중국통'으로 꼽힌다. 당연히 그녀의 눈과 귀는 온종일 중국의 일거수일투족에 쏠려있다. 사무실 컴퓨터에는 늘 중국의 정부와 기업 홈페이지, 중국어 포털사이트를 띄워놓는다. 정기적으로 북경, 심천 등으로 출장도 다녀온다.

"중국 투자 전망을 보고서로 쓰려면 중국의 경제 정책부터 금리, 통화량, 환율, 제조업 지수 같은 거시경제 지표까지 샅샅이 살펴봐야 합니다. 그런데 시장이라는 게 정치, 사회, 문화와 밀접한 관계를 맺고 움직이거든요. 저도 중국에 있을 땐 '중앙경제공작회의'(중국 정부가 연말마다 개최하는 거시경제 정책 회의)가 뭔지 잘 몰랐는데, 정작 한국에 와서 아주 자세히 알게 됐죠."

▮ 다만 한 걸음이라도 앞서자

인금 씨는 2015년 12월 중국 경제공작회의에서 다뤄질 내용을 미리 점친 보고서를 발표해 투자자들의 주목을 끌었다. 특히 보고서는 2016년 중국 정부가 '공급 과잉 업종', 즉 철강·석탄·시멘트 등에서 구조조정을 강화할 것이라는 한 발 빠른 '점괘'를 내놓기도 했다.

"중국 투자 전망을 조금 미리 내놓을 수 있다는 게 애널리스트로서 제 장점이라고 생각해요. 아무래도 중국어가 모국어인 만큼 정보를 수집해 분석하는 데 시간이 덜 걸리겠죠. 그렇다고 엄청나게 빠른 건 아니지만, 다만 한 걸음이라도 앞서야겠다는 목표로 일하고 있습니다."

여의도를 통틀어 조선족 출신 애널리스트는 인금 씨를 포함해 세 명쯤 된다고 한다. 유능한 그녀가 증권맨에게 '꿈의 도시'로 알려진 홍콩이나 상해로 가지 않고, 한국에서 활동하는 이유는 뭘까.

"바쁘고 피곤한 와중에도 애널리스트로서 보람을 느낄 때가 많아요. 중국 시장은 2021년 완전 개방을 목표로 말 그대로 시시각각 급변하고 있어요. 복잡한 시장 흐름을 분석해 투자자들에게 알릴 때, 제가 내놓은 예상이 적중했을 때 무엇보다도 큰 성취감을 얻죠. 한국에서 여전히 제가 할 일이 많다고 생각합니다."

일복을 타고난 그녀답게 최근엔 새로운 미션 하나를 맡았다. NH투자증권 내 중국 전담 리서치 조직인 '차이나 데스크'에서 팀장 역할이 주어진 것.

"중국인 또는 중국어에 능숙한 애널리스트가 7명 참가해 중국 시장과 기업을 심층 분석합니다. 중국의 심항통(深港通) 2 시행안이 당초 시장에서 예상했던 것보다 개방 폭이 컸거든요. 앞으로 중국의 자본시장 개방이 가속될 것이란 뜻이죠. 이에 대응해 중국 시장을 빠르게, 깊숙이 들여다보려고 합니다. 팀장은 공식적인 직책은 아니고요. 회식 장소를 정하는 일을 주로 해요.(웃음)"

▌워킹맘 동료들과 함께

인금 씨는 잘나가는 전문직 여성이면서 네 살 배기 아들을 키우는 워킹맘이다. 중국이든 한국이든 워킹맘의 고달픔은 크게 다르지 않을 것이다. 더욱이 신경을 많이 써야 하는 애널리스트라는 직업의 특성상 육아와 아내의 역할을 병행하는 게 만만치 않을 거 같은데, 집에서의 그녀는 어떨까. 혼자만의 시간을 찾아 훌쩍 떠나고 싶은 적은 없을까.

2 선전과 홍콩 주식시장의 교차거래를 허용하는 제도

"주말에 가족과 시간을 많이 보내려고 해요. 나들이도 자주 다니는 편이고요. 나만의 시간을 갖고 싶긴 하죠. 하지만 아직은 아들이 어려서… 다행히 여의도에도 워킹맘 동료들이 많아요. 이들과 틈틈이 만나서 수다도 떨고 정보도 교환하고 그래요."

인금 씨는 인터뷰를 마친 뒤에도 야근할 게 남았다며 종종걸음으로 다시 16층 사무실로 올라간다. 그녀가 사라진 여의도 빌딩 숲은 꺼질 줄 모르는 불빛들로 연신 반짝이고 있었다. ■

밤에도 불빛이 꺼질 줄 모르는 여의도 증권가

안유화

조선족 3세. 46세. 중국 길림화공대 졸업. 고려대에서 박사 취득. 현재 성균관대 중국대학원 전임교수 대우로 재직 중이며, 한국예탁결제원 객원연구원이기도 하다. 이 외에 대통령직속 지식재산위원회 위원, 외교부 경제분과 자문위원, 중국 청도와 한국 부산시 금융협력 자문관으로도 활동하고 있다. 쓴 책으로 「중국 발 금융위기, 어디로 갈 것인가」(긴급진단, 국내 최고 전문가들의 중국 경제 점검과 처방전/ 2015년 출간)가 있다.

부족함이 포기의 이유는 아니다

"

주로 연구영역에 종사하다 보니 조선족이라는 느낌이나 누군가가 상처주거나
한 적은 없어요. 다만 한국 언론이나 뉴스에서 조선족을 언급할 때
한국인들의 조선족에 대한 정확한 역사인식이 많이 부족하다고 느끼죠.
또 이따금 같은 동포인 조선족보다 한족을 더 대우해주려는 걸 볼 때 유감스럽죠.
조선족은 독립운동가의 자손들이 많습니다. 저 역시도 그렇고요.
이런 면이 알려졌으면 좋겠어요.

"

제주와 명동이 요즘 썰렁하다. 중국인 관광객이 일순간 자취를 감추었기 때문이다. 예측불허의 고공 행진을 이어가던 제주 집값도 다행인지 불행인지 상승세를 멈추고, 미분양이 속출한다는 기사도 심심찮게 나온다. 제주 사는 지인은 제주지역 부동산 경기의 활황을 타고 중국인을 겨냥해 임대 목적으로 집을 세 채나 샀는데, 이자도 나오지 않는다며 한숨이 깊다. '사드(고고도미사일방어체계)'의 영향이다.

▮ 사드 문제, 국익 따져 외교 전략 잘 짜야

전문가들도 사드의 한반도 배치가 한국과 중국 간의 경제관계를 훼손할 것이라고 우려의 목소리를 높였다. 한국의 금융시장에서 '중국 금융의 최고 전문가'로 불리는 조선족 안유화 박사도 마찬가지다.

"한·중 관계에서 사드가 언제 배치되느냐는 아주 중요해요. 지금까지는 중국이 지켜보자는 쪽이지만, (사드가) 딱 들어오는 상황이면 문제는 많이 달라질 수 있습니다."

"사드 관련해서 한국 정부에 조언 한마디 하신다면요?"

"북한의 5차 핵실험에도 중국은 한국의 사드 배치에 여전히 '반대' 입장입니다. (한국이 사드 배치에 앞서) 적극적으로 중국에 대해 외교전을 펼쳐야 합니다. 국익을 따져 외교 전략을 잘 짜고 역지사지도 하면서 (중국 측과) 소통을 강화해야 한다고 생각합니다. 무엇보다 서두르지 말아야 합니다."

정치적으로 민감한 사안이라 안 박사는 신중하게 말을 고른다. 하지만 정곡이다. 지금은 한류 문화 콘텐츠 등에 타격을 주고 있지만 앞으로 상황이 더욱 악화될 수 있다는 게 안 박사의 생각이다.

"중국 정부가 굳이 경제보복을 지시하지 않아도 금융계, 기업, 문화계가 스스로 알아서 한국과의 비즈니스를 자제할 겁니다. 기업은 불확실성을 가장 싫어하거든요. 이는 결국 한국 이외 다른 국가의 기업들과 협력을 강화하는 결과로 이어질 거예요. 특히 금융시장은 가장 심각한 영향을 받을 가능성이 커요."

▌각종 신문 방송에 단골 출연

안 박사의 이런 인식은 한국에서 중국의 금융 부문을 오랫동안 들여다본 식견에서 비롯된다. 타고난 유전자도 뛰어나 보인다. 스스로도 그렇게 생각할까.

2016년 한국자본시장컨퍼런스에 패널로 참석한 안유화 박사

“머리가 아주 나쁜진 않은 거 같아요.(웃음) 사실 아버지의 영향이 컸습니다. 선생님이신 아버지는 우리 형제 셋을 놓고 늘 수학과 국어공부를 지도해 주셨어요. 자기 전엔 늘 재밌는 이야기를 들려주셨죠. 덕분에 저는 학교에서 이야기 왕으로 불렸죠. 수학도 잘했고, 늘 칭찬받아서 그런지 자존감과 자신감도 높았습니다.”

“한국에 와서 성공한 조선족을 보면 엘리트 교육을 받은 조선족 3세들이 대부분입니다. 특별한 이유가 있다고 생각하시는지요?”

“3세대는 1세대와 2세대의 희생으로 좋은 교육을 받았던 세대입니다. 중국의 사회주의 시장주의 개혁의 혜택을 받은 첫 세대이기도 하고요. 중국에서 지금 성공한 부자계층은 모두 우리 3세대입니다. 반면에 2세대는 사회주의에서 교육받고 사회주의에서 살아오신 세대지요. 1세대는 독립과 건국을 위해 싸워온 세대고요. 저희 할아버지도 독립군이셨지요.”

“아, 그렇군요. 할아버지에 대해 말씀 좀 해 주시죠.”

“충청도가 고향인 할아버지는 작은할아버지와 함께 독립운동 하러 만주로 가셨대요. 작은할아버지는 밀고로 회의 장소에서 수발의 총에 맞아 즉사하셨다고 해요. 해방이 되고, 할아버지는 흑룡강성 목단강에 자리 잡았고요.”

안 박사는 고등학교 수학교사였던 아버지의 영향으로 어려서부터 일찌감치 이공계 쪽에서 능력을 발휘했다. 중·고등학교를 우수한 성적으로 나와 길림화공대 화학공정학과에 입학했다. 1993년 졸업과 동시에 결혼하고 연변호리대(현재 연변대 편입) 화학과 교수로 근무를 시작했다.

육아와 강의를 겸하는 워킹맘으로 살면서도 상해 복단대에서 경제학 석사과정을 이수할 정도로 그녀는 타고난 명석함에 성실함까지 갖추었다.

2001년 학위 취득 후에는 연변대 경제학과 교수로 자리를 옮겼다가, 고려대 장하성 교수와 인연이 닿아 2003년 서울로 건너왔다. 그리고 2013년 2월에 고려대에서 경영학 박사학위를 받았다.

그 후 2008년 7월부터 한국의 자본시장 정책을 연구하는 자본시장연구원에 스카우트된 안 박사는 2015년 상반기까지 국제금융실 연구위원으로 중국경제와 금융연구 전문가로 활약하다가 그만둔다.

지금까지 연구한 성과물의 제목들은 안 박사가 '중국 금융 전문가'임을 한눈에 보여준다. '중국발 금융위기 어디로 갈 것인가?', '위안화의 역외 사용 확대와 한국의 대응', '중국 주식시장 특성과 외국기업의 활용 방안', '중국 지방채(국유기업 프로젝트 발행채권 포함)의 한국 내 발행과 유통 활성화에 관한 연구' 등 60여 편을 발표했다.

"자본시장연구원 근무 초기인 2009년 4월 '중국금융시장 포커스'를 창간했어요. 제가 편집장을 6년 넘게 맡았죠. 처음 3년간 월간으로 발행하다 후에 계간지로 전환했어요. 중국 진출을 준비하는 금융사나 기업에 길라잡이 역할을 톡톡히 했죠. 한국어로 나온 첫 번째의 중국 금융 전문 발간물이다 보니 시장에서 반응이 좋았어요."

원한다면 신문과 방송에서도 하루가 멀다 하고 그녀를 만날 수 있다. '안유화의 중국경제 산책'(뉴스핌), '열린세상'(서울신문), '이슈진단'과 '글로벌 이슈 분석'(한국경제TV), '뉴스 정면 승부'(YTN) 등에 출연했다. 현재 유투브 동영상 사이드에서 '안유화'를 검색하면 그간의 활동상이 파노라마처럼 펼쳐진다.

안 박사는 현재 대통령 직속 지식재산위원회 전문위원이다. 지적재산권 전략을 어떻게 가져갈 것인지 등 한·중간의 지적재산 관련 정책을 제정하고, 조언하는 역할을 한다. 또 외교부 경제분과 자문위원이기도 하다.

2014년에는 기획재정부 '위안화 국제화 추진현황과 한국의 대응방안'의 프로젝트 매니저로 활약했다. 이를 기반으로 그해 말 서울 외환시장에 원/위안화 직거래 시장이 개설됐고, 2016년 6월 상해 외환시장에 위안화/원 직거래 시장이 열렸다. 또 중국 기업들이 한국에 진출해 위안화 채권(일명 김치본드)을 발행할 수 있는 제도적 기반이 마련됐다.

중국 자본시장연구회 부회장도 맡은 안 박사는 2015년 중국계 자본이 상장회사 넥스트아이를 인수하면서 사외이사로도 활약하고 있다.

안 박사에게 주어진 하루는 48시간쯤 되는 걸까. 어떻게 이렇게 많은 일들을 하는지 감탄이 절로 나온다. 그만큼 그쪽 관련 이슈가 많은 반면 그녀만큼 역량을 갖춘 전문가는 흔치 않아서일 것이다.

안 박사는 요즈음 중국 자본과 한국기술의 협력을 위한 플랫폼 구축을 위해서도 열심히 뛰고 있다. 최근에 있었던 '중국증권행정연구원' 창립은 그 일환이다.

이 기관은 중국 기업이 한국에 와서 상장회사를 인수할 때 자문을 하거나 한국기업이 중국에 가 금융 업무를 어떻게 해야 하는지 등을 컨설팅하는 사설 연구원이다. 중국기업과 한국기업의 합작협력이 많아지고 상호 간 인수합병 수요가 많아지면서 이제는 연구원을 통해 체계적으로 자문 서비스를 해주는 시스템을 구축한 것이다.

"중국과 공동으로 펀드를 만들고, 중국인들의 자산을 해외에서 운영하고 싶어요. 연구원은 자산운용 컨설팅도 할 거고요. 최근 미국 뉴욕 월가에 한 달 동안 출장을 다녀왔는데, 생각 이상의 실적을 올릴 것 같아요. 또 중국의 유명 재경대학과 중국 기업인을 대상으로 EMBA(CEO 대상) 과정을 개설하려고 준비 중입니다. 한국의 선진 기업문화와 금융 관련 트레이닝을 시킬 계획이고요."

▌중국 금융 · 기업 전문가 10만 대군 키우자

한국에 중국 전문가는 많지만, 금융 쪽은 아직도 부족하다는 게 안 박사의 생각이다. 한국에서 '중국 금융 전문가', '중국 기업 전문가' 10만 대군을 양성해야 한다는 주장을 내놓을 수 있는 것도 그런 판단 때문이다. 그리고 무엇보다 그 대군 안에 조선족들이 많이 포함되기를 기대하고 있다.

"과거에는 미국 경제가 좋아지면 전 세계 경제가 활기를 띤다고 했어요. 그런데 이제는 그 속설이 중국으로 이동하고 있죠. 미국 월가에서는 중국을 연구하고 있습니다. 중국의 차이나 리스크를 연구하고, 잘 모니터링 해야 경제를 발전시킬 수 있다고 전문가들이 대놓고 말합니다. 한국은 어떻습니까? 전문가층이 아주 얇습니다."

10만 대군 양성설을 주장하는 이유다. 안 박사는 또 한국이 중국을 전략적으로 활용해 원원해야 하고, 한국과 중국은 가깝기에 서로 잘 알고 활용하기 위해 잘 연구해야 한다는 견해도 피력한다.

안 박사의 목표는 한국과 중국을 넘어 글로벌 시장을 타깃으로 자산운용 플랫폼을 만드는 것이다. 중국 부자 1억여 명의 자산을 중국 본

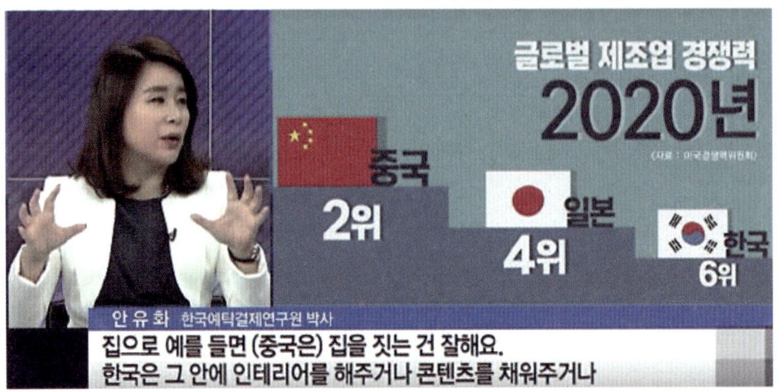

토 이외에서 운용해 줄 수 있는 해외 플랫폼을 뉴욕에 만들 계획이다.

부르는 곳도 많고, 한 일도 많고, 할 일도 많다. 그만큼 박식하고 전문가로서의 역량이 뛰어나서다. 안 박사는 박사 중에서도 박사다. 좀처럼 상처를 받을 거 같지 않은 안 박사도 한국에 살면서 조선족으로서 겪은 남모를 아픔이 있을까?

"주로 연구영역에 종사하다 보니 조선족이라는 느낌이나 누군가가 상처주거나 한 적은 없어요. 다만 한국 언론이나 뉴스에서 조선족을 언급할 때 한국인들의 조선족에 대한 정확한 역사인식이 많이 부족하다고 느끼죠. 또 이따금 같은 동포인 조선족보다 한족을 더 대우해 주려는 걸 볼 때 유감스럽죠. 조선족은 독립운동가의 자손들이 많습니다. 저 역시도 그렇고요. 이런 면이 알려졌으면 좋겠어요."

▌부족함이 포기의 이유가 될 순 없어

"조선족 후배들에게 귀감이 될 만한 말씀 한마디 하신다면?"

“유대인처럼 금융 투자를 적극적으로 했으면 해요. 금융으로 세계의 주인이 될 수 있기 때문이죠. 세계 500대 기업의 주요 주주가 여러분이라고 가정하면 세계 또한 여러분의 것입니다. 우리는 글로벌인(人)으로 살아가야 합니다. 한국과 중국을 넘어서야 하며 사고방식 등 모든 것을 ‘글로벌화’ 해야 합니다.”

안 박사에겐 왠지 자기만의 확실한 삶의 철학이 있을 거 같다. 그래서 좌우명이 있느냐고 물었더니, 힘주어 말한다.

“내 인생에 포기란 없다.”

개인적으로 부족한 점이 많지만 그것이 결코 포기의 이유가 되어서는 안 된다는 친절한 설명까지 덧붙인다. 그녀의 말 한 마디 한 마디, 행동거지 하나마다 자존감이 물씬 배어난다. 멋진 여성이고, 더 멋진 ‘사람’이다. ▮

예동근

조선족 3세. 중국 길림성 영길현 출생. 연변대 중문학과 졸업. 중국 중앙민족대학원에서 민족이론 연구로 석사 학위를, 재외동포재단 초청 장학생으로 고려대 대학원에서 사회학 박사 학위를 각각 취득했다. 재한조선족유학생네트워크(KCN) 초대 회장을 지냈으며, 현재 국립부경대 교수로 재직 중이다. 저서에 「조선족 3세들의 서울 이야기」, 「중국소수민족자치주 연구」, 「글로벌조선족네트워크」, 「차이나핸드북」 등이 있다.

글로벌 촌장님의 꿈

홍콩의 화교 갑부가 중국 광동성의 고향에 화교 명문대인
산두대학를 설립한 사례가 있습니다.
우리도 한상(韓商)과 동포 교육자들이 모여 차세대에 글로벌 마인드를
심어줄 수 있는 '글로벌 재외동포 대학'을 만들어야 합니다.

첩첩산중의 어느 촌락. 한 농사꾼의 아들은 커서 만인에게 존경받는 '촌장'이 되고 싶었다. 궁벽한 살림에 촌장이 되는 지름길은 공부가 유일했다. 다행히 '촌놈'은 수재 소리를 들을 만큼 머리가 좋았다. 촌놈은 이를 악물고 공부에만 매달렸다. 드디어 꿈은 이루어지고, 촌놈은 좁디좁은 우물 안에서 드넓은 바깥세상으로 나오게 된다. 그러나 눈이 핑핑 돌아가는 거대 도시 속에서 촌놈은 깨닫는다. 그동안 자신이 얼마나 우물 안 개구리로 살아왔는지를.

그 궁벽한 두메산골 농사꾼의 아들이 지금 부산의 국립부경대에 재직 중인 예동근 교수이다. 조선족 3세인 예 교수는 그때나 지금이나 여전히 명석해서 재외동포 관련 각종 학술행사에서 단골 발표자나 토론자로 등장한다.

▌촌놈, 서른넷에 국립대 부교수까지 오르다

그가 나고 자란 곳은 중국 길림성 영길현의 대흑산이라는 두메산골
이다. 200가구가 모여 사는 이 마을에서 예 교수는 가장 성공한 인사
로 꼽힌다.

그는 초등학교 때까지 여기서 살다가 중학교 입학할 때부터 박사학위
를 받을 때까지 18년간 중국 연길과 북경, 서울에서 기숙사 생활을 하며
넓은 세상을 경험한다. 비교적 이른 나이에 부모 품을 떠나 타향살이를
했지만 목표가 있어서 견딜 수 있었다고 한다.

이제 그는 고향 마을에서 서른네 살에 국립대 전임교원이 돼 부교수
까지 오른 입지전적인 인물로 알려져 있다.

고향에서 그는 일찌감치 수재로 통했다. 수재도 그냥 수재가 아니라
품성과 인성을 고루 갖춘 수재다. 고교 시절 길림성에서 품성, 인성, 지
성이 뛰어난 학생 100명에게 수여하는 '성3호'(省三好)로 선정된 것만 봐
도 알 수 있다.

당시 그는 성3호에 뽑혀 난생처음 북경을 견학하고는 꿈을 바꿨다고 한다. 그전까지 그의 소원은 벽지의 여느 아이들처럼 비행기를 타보거나 바다를 구경하는 거였고, 나이 들어서의 꿈은 마을의 최고 어른인 촌장이 되는 거였다.

그런데 고향과 천양지차인 북경을 둘러보고는 자신이 '우물 안 개구리'였음을 깨닫고, 더 넓은 세상에서 공부해 더 큰 사람이 되어 보고 싶다는 걸로 삶의 목표를 바꿨다. 그리고 그 목표를 향해 흐트러짐 없이 차근차근 나아갔다.

▌촌장의 꿈 접고 더 넓은 세상으로

그는 연변대학에 입학해 중문학을 전공한다. 그리고 2000년, 중국 내 민족 연구 분야에서 가장 앞서있는 북경 중앙민족대학원에 입학한다. 조선족으로 태어난 그는 소수민족 연구에 관심이 많았고, 석사학위도 민족이론 연구로 받게 된다. 이때부터 예 교수의 지극한 동포 사랑이 시작된다.

원래 그는 북경에서 관련 공부를 계속할 예정이었다. 그런데 대학원에 다니던 2002년, 재외동포재단이 주최한 '세계한인차세대대회'에 초청돼 일주일간 한국을 방문하면서 사고의 틀이 또 한 번 깨지는 경험을 하게 된다. 성3호에 뽑혀 난생처음 북경을 견학하고는 꿈을 바꾼 이후 두 번째 충격이었다. 그는 그 일을 계기로 한국에 가서 더 공부를 해보자고 결심하게 된다.

"미국, 중남미, 유럽, CIS(독립국가연합) 등 세계 각국의 주류사회에서 활약하는 차세대들이 한자리에 모이는 대회였죠. 한민족 디아스포라의 외연이 넓고 다양하다는 것에 새삼 놀랐죠. 글로벌 마인드를 갖추려면 중국에서만 공부해서는 안 되겠다는 생각이 들더군요."

마침 재단 초청 장학생에 응모했는데 뽑히게 되어 2004년 고려대 대학원 사회학 박사과정에 입학한다.

기대와 설렘이 많았던 한국 유학. 그러나 한국에서의 유학 생활은 생각보다 훨씬 힘들었다. 중국과 달리 서구 중심의 지식체계인 데다 사고방식도 많이 달랐다. 그러나 중도포기란 있을 수 없는 일이었다. 어린 시절 그랬듯, 힘들수록 이를 악물고 공부에만 매달렸다.

기초 공부를 다시 하려고 학기 때마다 학부 수업도 서너 개씩 들었고, 원서를 보느라 날밤을 새우는 날도 부지기수였다. 입시생처럼 학교 도서관과 기숙사를 오가는 다람쥐 쳇바퀴 같은 생활이었다. 그러나 그런 노력 덕분에 빠르게 수업을 따라잡아 보통 6년 이상 걸린다는 박사학위를 그는 4년 반 만에 따낸다.

▌ 불법체류자로 오인, 검문 당하기도

수재는, 명문대 박사는 조선족에 대한 차별에서 자유로울까. 그렇지 않다. 물론 줄곧 대학에만 있다 보니 노동 현장에서 일하는 조선족처럼 직접적인 차별은 아니었다. 하지만 그도 모욕에 가까운 차별을 여러 번 경험해야 했다.

예를 들어, 지하철이나 거리에서 불법체류자로 오인돼 경찰로부터 신분증 제시를 요구받는 일이 종종 있었다. 그러나 그는 그런 차별에 분노하기보다 학자로서 어떻게 하면 이런 차별을 해결할 수 있을까, 연구했다. 학교에서의 연구와는 별도로, 서울 구로구 가리봉동과 영등포구 대림동 등 조선족타운을 틈나는 대로 드나들며 조선족의 처우 개선을 위한 연구를 진행한 것이다.

▋ 재한조선족유학생네트워크 초대 회장

예 교수는 앞서, 2001년 베이징 대학원 시절 "조선족 학생끼리 서로 돕자"는 취지로 '조선족대학생센터'를 만들었다. 같은 동포끼리 상부상조하며 학업에 집중하는 분위기를 만들자는 뜻으로 30명으로 출발한 이 센터가 지금은 회원 수가 1천 명이 넘는다. 학술대회를 열 정도로 성장한 것이다.

그때의 경험을 살려 그는 2003년 9월 박사과정 준비를 위해 한국에 오자마자 '재한조선족유학생네트워크(KCN)'를 만들고, 초대회장으로 활동한다. 석·박사과정 학생이 중심인 KCN은 설립 초기부터 정부기관 공청회, 대학·연구소의 학술대회 등에 단체 이름으로 참석해 조선족을 대변하며 부정적인 인식 개선에 앞장섰다.

"당시 국내에는 재한 조선족을 연구하는 학술 단체가 적어서 각종 행사에 KCN이 곧잘 초청됐죠. 다들 자기 학업으로 바쁜데도 시간을 내서 참가했고, 공동 연구도 진행해 KCN 이름으로 조선족 처우 개선을 위한 보고서나 성명서를 내기도 했죠."

그는 박사학위 취득 후엔 고려대 아세아문제연구소 선임연구원으로 활동한다. 그러다가 2010년 부산의 국립부경대 교수로 부임한다. 국제

지역학부에서 강의하면서 그는 대학의 국제교류 업무에도 발 벗고 나서 부임 초기 40개였던 중국 자매결연 대학을 80개로 늘려 놓았다.

▌한·중 시야 뛰어넘는 글로벌 마인드 필요

2011년에는 늘어나는 차세대 재한 조선족을 격려하고 변화한 조선족의 위상을 널리 알리자는 차원에서 전문분야에서 활약하는 12명의 재한 조선족의 이야기를 모아 「조선족 3세들의 서울 이야기」라는 책을 펴냈다.

중국어, 영어, 일본어, 한국어 4개 국어를 자유자재로 구사하는 그는 2004년에 중국어로 「중국소수민족자치주 연구」를 저술했고, 2007년에는 일본어로 「글로벌조선족네트워크」를 일본 현지에서 출간하기도 했다. 국내에서는 2013년에 중국의 사회·문화 등을 소개하는 「차이나핸드북」을 발표했다.

최근에는 「조선족 3세들의 서울 이야기」의 속편을 준비 중이다. 이를 위해 한국 사회에서 두각을 나타내는 조선족들을 섭외하고 있다. 성공한 조선족의 이야기를 소개하는 수준에서 한 걸음 더 나아가 전문영역을 구축한 이들의 성과를 한 권에 한 명씩 집중적으로 담아 2018년부터 시리즈로 낼 계획이라고 한다. 이 책에 대한 예 교수의 변은 이렇다.

"조선족의 코리안 드림이 2000년대 중반까지는 노동자로 일하면서 돈을 벌어 중국으로 금의환향하는 것이었다면 이제는 교수, 법조인, 대기업사원 등 엘리트가 돼 주류사회에서 활약하거나 기업을 일궈 한국에 정착하는 '신(新) 코리안 드림'으로 바뀌었지요. 이들의 성공스토리를 쓰려는 것이지요."

예 교수의 아내도 신 코리안 드림의 주인공이다. 같은 조선족 출신인 김향란 씨로, 부산대학교 전자공학과 교수다. 중학교 동창으로 북경 유학 시절 만나 결혼 후 한국에 동반 유학을 왔다. 김 교수는 서울대에서 박사학위를 취득했다. 예 교수 부부는 조선족 유학생 출신으로 국내에서 박사학위를 취득하고 교수로 임용된 첫 케이스로 꼽힌다.

▌'글로벌 재외동포 대학' 설립해야

예 교수는 대학에서 전공 외에 교양강좌로 '재외동포의 이해'를 꾸준히 개설하고 있다. 또 매년 10회 이상 동포 관련 학술행사에도 참여하고 있다. 자나 깨나 동포의 처우 개선과 인식 개선을 위해 연구와 활동에 앞장서 온 그에게 목표가 있다. 바로 '글로벌 재외동포 대학'을 설립하는 것이다.

"홍콩의 화교 갑부가 중국 광동성의 고향에 화교 명문대인 산두대학를 설립한 사례가 있어요. 우리도 한상(韓商)과 동포 교육자들이 모여 차세대에 글로벌 마인드를 심어줄 수 있는 '글로벌 재외동포 대학'을 만들어야 합니다. 형태는 온·오프 상관없습니다. 재외동포 연구를 학문의 한 분야로 정립하고 인재 양성 등을 추진해 동포사회의 축적된 지식이 모국과 공유할 수 있는 시스템을 갖추는 게 중요합니다."

글로벌 촌장님의 꿈이 하루빨리 이루어지길…! ▰

홍송봉

조선족 3세. 40세. 중국 흑룡강성 녕안시 출생. 북경대 법대 졸업. 한국에서 11년째 법무법인
태평양의 변호사로 근무 중이다. 중국에서부터 한국 기업의 대중 투자와 중국 기업의 대한국
투자업무를 맡아왔고, 전문 분야는 기업 인수합병(M&A), 자본시장 및 국제중재 등의 국제분쟁
해결이다.

좋은 습관이 좋은 운명을 이긴다

문화대혁명 때 호되게 시달려 한쪽 몸이 불구가 된 할아버지가
집에서 어린 제게 한글을 가르치셨죠. 당시엔 나이가 어려 시대가 한 개인과
가족에게 준 고난과 고통의 역사를 온전히 이해할 수 없었어요.
하지만 할아버지의 불편한 몸과 긴 그림자는 저의 기억 속에
늘 슬픔과 무거움으로 남아 있어요.

몇 마디만 나누어 봐도 예사로운 인물이 아님을 알 수 있다. 눈빛은 형형하고, 자신감이 넘치며, 올곧고 단단해 보인다. 강남구 테헤란로에 자리 잡은 태평양의 접견실에서 홍송봉 변호사를 만났을 때의 첫인상이다.

실제로 변호사는 세계 어디서나 엘리트 직업의 하나로 꼽히지만, 그는 중국의 최고 명문 북경대 법학부를 나온 엘리트 중의 엘리트다.

▎우리나라에 조선족 변호사도 있어요?

홍 변호사는 한국으로 건너온 지 햇수로 11년째다. 처음 한국에 왔을 때 그저 한 2~3년 머무르다 갈 생각이었단다. 근데 그 시간이 어느덧 강산이 한 번 변하고도 남을 세월이 흘렀다. 11년, 한 사람의 인생길에

서 결코 짧지 않은 시간이다. 더욱이 청춘이라면 어떻게 쓰느냐에 따라 인생이 180도 바뀌게 될 수도 있는.

서울 생활을 막 시작했을 때 J는 그저 한국어를 좀 잘하는 중국인이었다. 그런데 지금은 주한 중국대사관에 들를 때를 빼고는 중국 국적의 외국인이라는 사실도 잊어버릴 만큼 '진짜 한국인'처럼 보인다. 그만큼 한국 생활에 동화되었지만, 그는 여전히 '한국인'이 아닌 '중국동포'다. 이따금 언론에 중국동포에 관한 부정적 보도가 나오거나 조선족을 비하하는 이야기가 들려올 때면 여지없이 마음이 불편해진다. 그러나 어쩌겠는가. 조선족 하면 떠오르는 이미지가 대부분 더럽고, 힘들고, 위험한 분야에 종사하며, 그래서인지 뻑 하면 사고나 치고, 불법체류의 대명사쯤으로 치부되곤 했으니까.

하지만 언제부터인가 조선족의 직업 분포가 확연히 달라지고 있다. 2000년대 들어 엘리트 교육을 받은 조선족 3세들이 속속 들어오면서 학계, 금융계, 무역업계, 법조계, 문화예술계 등에 활발히 진출하고 있는 것. 그러나 아직도 여전히 많은 사람이 조선족 하면 식당 종업원, 가사도우미, 건설 현장 막노동자 등 3D 업종 종사자들만을 떠올리는 게 현실이다.

그래서인지 법무법인 태평양에서 11년째 일하고 있는 중국동포 3세 홍 변호사는 아직도 가끔 "우리나라에 조선족 변호사도 있어요?"란 질문을 받는다.

"국내 체류 외국인 가운데 중국인의 범죄율은 7위라고 하더군요. 특히 살인 등 강력범죄의 비율은 비교적 낮았어요. 그런데도 어쩌다 조선족에 의한 범죄 사건이 일어나기라도 하면 조선족 전체가 우범자 집단이라도 되는 것처럼 부정적 보도를 쏟아내요. 전체 숫자가 많다 보니 범죄가 잦은 것처럼 보이는 것뿐인데 말이에요. 그때마다 참 안타까워요. 한 번 박힌 고정관념은 바꾸기 힘들잖아요. 그걸 바꾸려면 국내에 들어와 있는 중국동포들도 더 노력해야 한다고 생각해요. 한국의 법률과 문화, 국민감정을 존중하고, 모범적으로 살아가려고 말이에요. 그리고 한국 사람들도 이들이 성공적으로 정착해 한국 사회에 기여할 수 있도록 열린 마음으로 이해했으면 좋겠어요.”

▌조선족 역사와 맥을 같이하는 가족사

그는 1977년 흑룡강성 목단강 중류의 소도시 녕안의 평범한 가정에서 태어났다. 그의 가족은 겉으론 지극히 평범하다. 하지만 이면을 들여다보면, 조선족의 이민사에서 한 페이지를 떼어 와도 이상할 것이 없을 만큼 조선족의 역사와 맥을 같이한다.

일제강점기에 친할아버지는 함경북도에서 일본의 강제 이주 정책으로 만주로 건너왔고, 친할머니는 평안북도에서, 외할아버지는 경상남도에서, 외할머니는 황해도에서 건너온 전형적인 동북 3성의 조선족 이민 가족이다.

“사실 저는 많은 부분에서 부모님보다는 외할아버지를 더 많이 닮았어요. 어릴 적, 아버지는 공무원이셨고, 어머니와 할머니는 공장으로 일을 나가셨죠. 그리고 나면 집에는 달랑 외할아버지와 저만 남았어요. 외할아버지는 공무원 출신 신분 때문에 문화대혁명 때 호되게 시달린 나머지 몸 반쪽이 마비되어 집에서 어린 저를 돌보셨지요. 할아버지는 제게 한글과 중국어를 가르쳐주었을 뿐 아니라, 당신이 가진 지식과 지혜들을 아낌없이 주셨지요. 말하자면 할아버지가 제게 남겨준 유산인 셈이지요. 당시엔 나이가 어려 시대가 한 개인과 가족에게 준 고난과 고통의 역사를 온전히 이해할 수 없었어요. 하지만 할아버지의 불편한 몸과 긴 그림자는 저의 기억 속에 늘 슬픔과 무거움으로 남아 있어요."

▍ 클래식에 매료돼 음악가를 꿈꾸던 수재

그는 초등학생 때 TV에서 접한 클래식 선율에 매료돼 음악가의 길을 걷고 싶었던 감성적인 소년이었다. 하지만 넉넉지 못한 가정형편과 소수민족으로서의 한계를 들어 부모가 만류하자 두말없이 꿈을 접은 모범적이고 착한 소년이기도 했다. (당시 중국 대륙에서 소수민족으로서 예술인이 된다는 건 정치인이 된다는 것만큼이나 위험천만한 일이었다고 한다. 그때 음악가의 길을 포기한 것이 그에겐 조선족으로서 맛본 최초의 좌절이 아니었을까 싶다.)

그렇게 부모의 기대를 저버리지 않고 공부에 매달린 그는 1996년 흑룡강성에 배정된 4명 안에 당당히 들어 북경대 법학부에 합격한다. 간혹 주변에서 그에게 영재니, 수재니 말들을 하지만 사실 그는 자신이 특별히 머리가 뛰어나지도, 공부를 뛰어나게 잘한 편도 아니라며 겸손해한다. 북경대 법대에 갔을 때 전국 각지에서 몰려든 문과 장원, 내로라하는 수재들을 보고 더 그런 생각이 들었다고.

시골 마을의 꼬맹이가 북경대 법대에 갈 수 있었던 비결이라면 그저 열심히 노력한 것뿐이라고. 타고난 천재가 아닌 한 예나 지금이나 공부에는 다른 첩경이 없다고 그는 생각한단다.

▎법정 드라마 보며 변호사 꿈 키워

그는 2000년 졸업과 함께 변호사 시험도 간단히 통과해 법률사무소 천원(天元)에 취직한다. 음악가의 길과 변호사의 길은 사뭇 다르다. 그는 어째서 하고 많은 직업 중 변호사를 택한 걸까?

"어릴 적 TV에서 본 미국의 법정 드라마 때문이었어요. 약자 편에 서서 정의를 위해 싸우는 주인공의 모습이 영웅처럼 비쳤기든요. 현대사회는 원시적인 힘겨루기가 사라지고 논리와 정보로 대결하는 시대예요.

법정 드라마에서 약자 편에 서서 정의를 위해 싸우는 주인공에 반해 변호사의 꿈을 키웠다는 홍송봉 씨

보시다시피 제 체구가 좀 작아요. 그래서 변호사란 직업에 더 매력을 느꼈는지도 모르겠어요."

가지 못한 길은 원래 아쉬움이 많이 남게 마련이다. 말리면 더 하고 싶고. 부모님의 만류로 음악가의 꿈을 접어야 했는데, 후회는 없었을까.

"한 번도 제 선택을 후회해 본 적 없어요. 사실 음악가를 직업으로 선택하지 않았을 뿐이지 지금도 음악은 저의 가장 든든한 벗이에요."

"특별히 즐겨 듣는 음악이나 잘하는 악기가 있나요?"

"클래식을 좋아해요. 그리고 취미로 트럼펫을 불어요."

그가 나고 자란 녕안은 동북 3성 중에서 조선족이 그리 많지 않은 고장이다. 자연히 조선족 학교도 멀고, 한글을 접할 기회도 많지 않았다. 그런데도 부모는 그를 조선족 중고등학교에 다니게 했고, 집에서는 반드시 한국어만 쓰도록 가르쳤다. 대체로 성공한 사람에겐 그늘이 되어 준 부모가 있게 마련이다. 그의 부모는 어땠을까?

"다소 엄격하셨죠. 예를 들면, 취침과 기상 시간은 반드시 지켜야 했고, 숙제하기 전엔 놀 수 없었어요. 집 밖에 나서면 중국어를 쓸 기회가 상대적으로 더 많죠. 그러니 한글을 잊어버리지 않기 위해 집에서만이라도 한글을 쓰게 하신 거죠."

"조선족이 많지 않은 고장에서 조선족 중고교에 보내신 것은 아들이 장차 한국에서 일하거나, 성공하기를 바라신 걸까요?"

"딱히 그런 건 아닌 거 같아요. 녕안의 조선족 가정은 기본적으로 다 자녀를 조선족학교에 보냅니다. 오히려 한족학교에 보내는 일이 극히 드물죠. 저희 할아버지 세대의 어르신들은 우리 민족의 말을 못하고 예절을 잘 모르면 근본이 없다고 욕을 하세요.(웃음)"

"북경대 법대를 졸업 무렵 서울대로 유학 올 기회를 마다하고 북경의 현재 로펌에 취직했다고 들었어요. 왠지 부모님께서 반대하셨을 것 같은데."

"아니요. 반대하진 않으셨어요. 그렇다고 아주 적극적으로 동의해 준 것도 아니고요. 사실 부모님은 제가 변호사의 길을 가는 것보다 법원 판사의 길을 택하길 더 바라셨거든요."

이런 집안 분위기로 한글을 제대로 배운 덕분에 그의 한국어 실력은 한국사람 못지않다. 그 덕에 자연히 로펌에서 한국 기업의 중국 투자나 중국 기업의 한국 투자 관련 업무는 그의 몫으로 떨어졌다. 천원에서 주로 맡은 분야는 외국인 직접투자(FDI), 기업 인수합병(M&A), 국제중재 등이었다. 그 후 한국 로펌 태평양과 함께 몇 차례 소송을 처리한 것이 인연이 돼 태평양으로 직장을 옮긴다.

"2006년만 해도 홍콩을 제외하면 아시아 법률시장에서 한국이 가장 앞서 있었죠. 사법정보화도 잘 이뤄져 있었고. 태평양에 근무하며 한국의 성공 요인을 배워보고 싶단 생각이 들었어요. 지리적으로도 한국은 동북아시대에서 중요한 역할을 할 것이므로 제게 발전과 성공의 기회가 더 많겠다고 판단했고요."

▌첫사랑과 오랜 기다림 끝에 한국에서 화촉

홍 변호사의 아내는 한족이다. 의외였다. 엄격하고, 더구나 민족의 글을 모르면 근본이 없다고 한글만 쓰게 했다는 집안에서 한족 며느리를 달가워했을 리 만무하다. 실제 그의 부모는 단 한 번도 아들이 조선족이

아닌 여인과 결혼한다는 것에 대해 생각해 본 적이 없었다고 한다. 조선
족이면 같은 언어, 같은 풍속, 같은 생활습관 등에서 통하는 게 많을 테
고, 특히 한족 며느리에 대해선 두려움 같은 게 있었단다. (대부분의 조
선족 1세들은 민족공동체 의식이 강하고, 고유문화를 지키기 위해서라
도 같은 조선족끼리 혼사를 치르려고 했다. 더욱이 중국의 주류집단인
한족과의 결혼은 매우 꺼렸다.)

그리고 그의 할아버지가 작고하실 때 남긴 유언 중 하나가 장손 며느
리는 반드시 조선족이어야 한다는 것이어서, 장손 집안인 그의 집에서
는 그것을 엄격히 지키려고 했단다. 하지만 그는 할아버지의 유언을 지
키지 못했다.

"첫사랑이었고, 긴 세월 일편단심으로 저를 기다려줬죠. 조용하지만
심지가 굳죠. 나를 믿고 기꺼이 낯선 타국인 한국으로 유학을 왔어요.
아내는 연세대 한국어학당을 나와서 서울대 경영대학원에서 석사학위
를 따고 현재 박사과정을 밟고 있어요."

"아내가 공부를 마치고 한국에 자리를 잡으면 중국으로 돌아갈 기
약이 더 미뤄질 수도 있겠네요. 중국에 돌아가실 구체적인 계획이 있
나요?"

"아직은 없어요. 다만, 중국 내 친구들, 대학 동창 등의 연결고리와
자원들이 잘 유지되고 있어서, 중국으로 돌아가야 할 필요성이 생기면
정착에 힘이 들 것 같진 않아요. 그런데 그동안 한국에서 쌓아온 걸 어
느 정도 버리고 가야 하는 아쉬움이 있지요. 지금으로선 가급적 한국에
서 계속 사는 쪽으로 생각하고 있어요."

▌다시, 또 나는 누구인가?

그는 경계인이다. 다른 중국동포와 마찬가지로 중국에 있을 때는 소수민족의 일원으로, 한국에 살 때는 외국인이자 귀환 재외동포로. 당연히 '나는 누구인가' 하는 정체성에 깊이 천착하게 된다. 민족적 정체성은 그가 가장 어려워하는 숙제고, 지금도 답을 찾고 있는 중이고, 계속 찾아야 할 수도 있다고 생각한다.

이런 그에게 이달 초 중국 요녕성 대련에서 열린 제7회 중국 조선족 기업가 경제교류대회 겸 제1회 조선족청년지도자 심포지엄에 참석했다가 들은 중국 중앙민족대 박광성 교수의 강연은 해답의 실마리를 던져 주었다.

"박 교수님은 '액체화 근대성'이라는 개념을 설명하더군요. 기존의 근대화는 부동산이나 큰 공장, 대규모 기계설비 등을 통해 이뤄진 '고체적 근대화'이고, 이제는 물처럼 한곳에 머물지 않고 변화에 유연하게 대처하는 방식으로 발전이 이뤄진다는 거예요. 그분의 이론에 따르면 중국 조선족은 선천적으로 액체화 근대성을 지닌 집단입니다. 주변에도 제 또래 조선족 상당수가 중국 전역과 한국, 일본, 미국, 러시아 등지에 흩어져 살고 있고 현지에서 가정을 이룬 사례도 많지요. 제 남동생은 하북성 당산에서 치과의사로 일하고 있습니다. 세계가 서로 밀접하게 연결되고 통합되는 글로벌 시대인 만큼 나라의 구분이나 민족의 차이도 열린 관점으로 봐야 합니다."

그는 그러나 사실 중국이 원래 다민족 국가라서 특별히 국적과 민족의 괴리감을 강하게 느낀 적은 없단다. 특히 중국 조선족은 중화인민공화국 건국 초기부터 민족자치주를 설립하여 민족자치권을 부여받았기 때문에 더 그렇다고.

'나는 누구인가?'에 대해 지금까지 찾은 해답을 들려달라고 했다.

"우선은 중국인이고, 그 다음으로 중국의 조선족이지요."

"중국과 한국의 축구 대표 팀이 대결하면 어느 팀을 응원해요?"

"그때그때 조금 다르긴 하지만 대체로 중국 팀을 응원한 것 같아요. 부모님도 중국을 응원합니다."

이번엔, 한국에 와서 모국의 동포에게 서운함을 느낀 적이 없냐는 식상한 질문을 던졌다. 그러자 그는 '그냥 웃는다.' 하지만 조금 숨을 고른 후 시니컬하게 몇 가지를 이야기한다.

"먼저, 외교 문제, 특히 북한 관련 문제를 논하면, 마치 제가 중국 정부의 대변인이라도 된 것 같은 대접(?)을 해요.

두 번째, 중국에서 만든 짝퉁, 가짜, 안 좋은 일들에 관한 기사가 나오면 저한테 꼭 이래요. '대체 무슨 생각이냐?' '왜 당신네 나라는 저러냐?', '조선족이 그런 곳에서 왔으니 좋을 리가 없지 않냐!'

세 번째, 보이스피싱 얘기가 나오면 '조선족들은 왜 나쁜 짓만 골라 하냐?', '같은 민족들끼리 등쳐먹는다.', '조선족들은 왜 다 그러냐?' 이럽니다.

대충 이 정도로만 할게요. 사소한 것이 많은데, 그거 다 기억하고 상처 받으면 벌써 우울증 걸렸을 거예요.(웃음)"

마지막으로 재한 중국동포 청소년들에게 좌우명으로 삼을 만한 말을 들려 달라고 하자 그는 '하늘의 도는 부지런함에 보답한다.'는 뜻의 '천도수근(天道酬勤)'이라는 사자성어를 든다. 부연 설명을 부탁했다.

"아무리 좋은 운명을 타고났다고 해도 좋은 습관을 들이는 것보다는 못하지요. 환경이나 여건을 탓하지 말고 올바른 방향으로 꾸준히 노력한다면 반드시 성공할 수 있어요."

인생을 바꾼
기차표 한장
조선族 31인의 성공 이야기

초판 1쇄 2017년 4월 17일

초판 2쇄 2017년 9월 25일

저　　자 연합뉴스 글로벌코리아센터 한민족뉴스부

발 행 인 박노황

편 집 인 심수화

주　　간 현경숙

기획·편집 정규득

발 행 처 ㈜연합뉴스

주　　소 03143 서울시 종로구 율곡로2길 25
　　　　　www.yonhapnews.co.kr

진　　행 홍수연

디자인·인쇄 ㈜나눔커뮤니케이션 02) 333-7136

정　　가 15,000원

구입문의 02) 398-3593~4

ISBN 978-89-7433-124-5